열정적 질문

의학을 이끈

10대를 위한

예병일 지음

결정적 질문

다른

의학, 끈질긴 탐구의 역사

이 이야기는 너무 유명해서 여러분도 이미 잘 알고 있을 것입니다. 17세기 영국의 물리학자이자 수학자인 아이작 뉴턴은 사과나무에서 사과가 떨어지는 것을 우연히 보고 정신이 번쩍 들었습니다. '사과는 왜 아래로 떨어지는 것일까?' 호기심이 발동한 그는 그 이유를 알아내기 위해 생각을 거듭했고, 과학 역사의 아주 중요한 발견 중 하나인 '만유인력의 법칙'을 찾아냈습니다. 뉴턴의 또 다른 위대한 업적인 운동의 법칙과 빛의 스펙트럼에 대한 이론도 사물을 관찰하고 책을 읽다 품은 의문을 해결하는 과정에서 발견한 것입니다. 이처럼 좋은 질문은 학문의 발전을 이끌고 더 나아가 역사를 움직이는 결정적인 계기가 됩니다.

의학도 마찬가지입니다. 인류가 생명 현상에 질문을 던지지 않았다면, 그 질문의 답을 찾으려는 뜨거운 열망을 품지 않았다면 오늘날과 같은 발전은 불가능했을 것입니다. 《10대를 위한 의학을 이끈 결정적 질문》은 의학이 수많은 생명을 구하는 위대한 학문이 되기까지 인류가 해결하고자 한 커다란 과제를 7가지 질문으로 살펴봅니다. 왜 그런 물음이 있었는지에서 시작해, 현재 일상에서 얼마나 눈부신 성취를 이루었는지 이야기합니다.

원시시대부터 인류는 크고 작은 부상과 질병, 죽음을 겪으며 '아픈 사람을 도와줄 수 있을까?' 하는 의문을 품었습니다. 이는 고통의 원인을 파악하려는 열정적인 탐구심으로 이어져 의학이라는 학문의 출발점이 되었습니다. '인간의 몸속을 관찰할 수 있을까?' 인류는 생명 현상의 원리와 질병의 원인을 밝히고자 해부학을 연구했습니다. 여러 치료법을 환자에게 적용해 보면서 '고통 없이 수술할 수 있을까?' 하는 새로운 물음을 던지며 마취와 수술법을 개발했지요.

여러 질문의 답을 하나씩 찾으면서 의학이 다루는 분야는 점점 넓어지고 세분화되었습니다. 의학자들은 위독한 환자를 살리기 위해 '피를 공급할 수 있을까?' 물으며 수혈을 연구하고, '감염병을 막을 수 있을까?'라는 물음을 이어 가며 백신과 치료제를 만들었습니다. '몸의 일부를 주고받을 수 있을까?' 하는 의문을 풀어 가는 과정에서 다양한 이식 기술을 개발했습니다. '아이를 원하는 대로 낳을 수 있을까?' 임신을 조절하고 산모와 새 생명을 안전하게 지키는 산부인과의 발전도 함께 이루어졌습니다.

그들은 당시의 이론이나 기술로 얼른 해답을 찾을 수 없더라도 포기하지 않았습니다. 수천 마리의 동물과 곤충을 해부하고, 머나먼 타국의 도서관에도 찾아가고, 뛰어난 스승을 찾아다니기도 했습니다. 그 끈질긴 노력의 과정이 위대한 발견으로 이어졌습니다.

이 책의 커다란 질문들은 의학의 흐름을 쉽고 간결하게 이해하는 도구가 되어 줄 것입니다. 만약 의학 지식이 많지 않아 책을 읽기 막막하게 느껴진다면 '무엇이든 물어보세요!'에 있는 질문 목록을 살펴보세요. 혈관의 개수, 바이러스와 세균의 차이점과 같은 기초 지식부터 3차원 인쇄술, 줄기세포 등의 최신 과학기술까지 의학에 대한 다양한 물음을 난이도별로 정리했습니다. 궁금한 점부터 찾아보는 것도 이 책을 읽는 큰 재미가 될 것입니다.

오늘날에도 의학의 발전은 빠르게 이루어지고 있습니다. 수십 년 전만 해도 상상하기 힘들었던 치료법이나 진단법이 하나하나 현실이 되고 있습니다. 지금도 새로운 질문을 던지고 그 질문의 답을 찾기 위해 노력하는 사람들이 있기에 가능한 일입니다.

미래 의학은 어떤 변화를 맞이할까요? '의사를 만나지 않고 병을 치료할 수는 없을까?', '불치병이나 난치병을 해결할 방법은 없을까?', '피나 심장을 공장에서 만들 수는 없을까?' 등과 같은 과감한 질문을 던져 보세요. 과거 수많은 학자가 불가능에 도전했던 것처럼 말입니다. 여러분의 작은 의문은 어쩌면 인류에게 도움이 되는 중요한 발견으로 이어지는 씨앗이 될 겁니다. 이 책을 통해 어른이 되었을 때 미래에 도움이 될 무언가를 발견하겠다는 꿈을 키워 가기를 바랍니다.

책을 읽을 때 교과서 공부와 시험에 대한 걱정은 내려놓으세요. 그저 자유롭게 질문하세요. 어떤 물음이라도 좋습니다. 질문이야말로 모든 변화와 발전의 출발점이니까요. 흥미로운 학문의 세계를 누비고 다니면서 공부하는 기쁨을 함께 누려 봅시다.

그럼 이제 의학의 세계로 떠나 볼까요?

차례

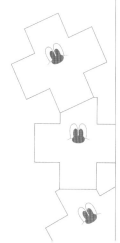

질문 난이도 ★☆☆

질문 난이도 ★★☆

질문 난이도 ★★★

질병

결정적 질문 ❶

아픈 사람을

도와줄 수 있을까?

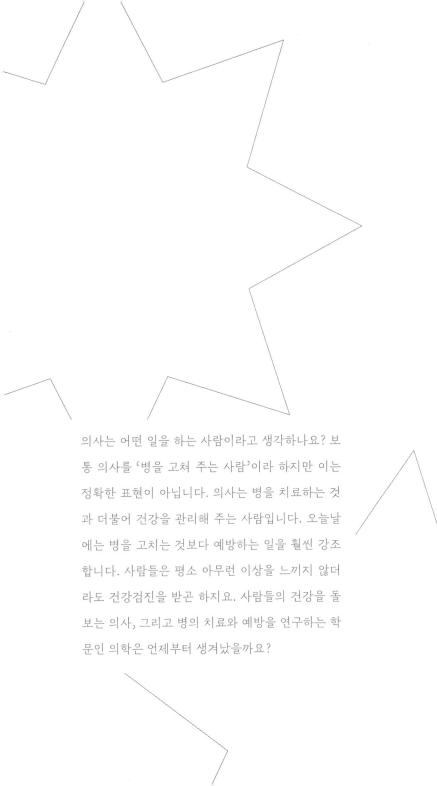

의사는 어떤 일을 하는 사람이라고 생각하나요? 보통 의사를 '병을 고쳐 주는 사람'이라 하지만 이는 정확한 표현이 아닙니다. 의사는 병을 치료하는 것과 더불어 건강을 관리해 주는 사람입니다. 오늘날에는 병을 고치는 것보다 예방하는 일을 훨씬 강조합니다. 사람들은 평소 아무런 이상을 느끼지 않더라도 건강검진을 받곤 하지요. 사람들의 건강을 돌보는 의사, 그리고 병의 치료와 예방을 연구하는 학문인 의학은 언제부터 생겨났을까요?

질병은 신이 내린 벌?

오래전 사람들은 질병을 '신이 내린 벌'이라 생각했습니다. 문명의 발상지인 고대 그리스에서는 여러 신을 섬기는 다신교를 믿었습니다. 그리스 신화에 등장하는 수많은 신의 능력은 매우 다양합니다. 고대 그리스인들은 몸에 문제가 생기면 여러 신들 중에서도 '아스클레피오스'에게 질병을 거두어 달라는 기도를 올렸습니다. 아스클레피오스는 의술의 신으로, 태양신 아폴로의 아들입니다. 그를 묘사한 그림이나 조각상을 보면 한 손에 뱀 한 마리가 감긴 지팡이를 들고 있는데, 이 지팡이는 의학을 상징합니다. 아스클레피오스의 큰아들 마카온은 외과, 작은아들 포달레이리오스는 내과, 큰딸 히기에이아는 건강, 막내딸 파나케이아는 약물의 신으로 섬겨졌습니다.

그리스인들은 아스클레피오스의 능력으로 질병에서 해방되기를 기원하며 그를 숭배하는 신전을 건립했습니다. 그리스의 철학자 소크라테스는 죽을 때 "아스클레피오스의 신전에 닭 한 마리를 보내 달라"라고 유언하며 일생을 보살펴준 신에게 감사하는 마음을 전했다고 합니다. 그리스 사람들은 몸에 이상이 생기면 물 좋고 공기 좋은 곳에 지어진 아스클레피오스 신전을 찾아갔습니다. 그곳에서 몸과 마음을 깨끗이 하고, 기도를 하면서 건강을 빌었습니다. 신전은 오늘날의 요양소 역할을 했다고 할 수 있습니다. 깨끗이 목욕한 다음 정신을 집중해 신께 기도를 올렸으니, 평소처럼 일상생활을 하는 것보다 효과가 좋았을 것입니다.

고대 그리스 문명보다 앞선 4대문명에 속하는 이집트와 메소포타미아 문명은 어땠을까요? 4대문명이란 기원전 4000~3000년경에 찬란하게 발달한 인류 문명 네 곳을 뜻합니다. 나일강 유역의 이집트 문명, 티그리스·유프라테스강 유역의 메소포타미아 문명, 인도의 인더스강 유역의 인도 문명, 중국 황허강 주변에서 발달한 중국 문명이 여기에 속합니다. 중국과 인도 문명은 유럽과는 거리가 멀었기에 유럽인들은 가까운 이집트와 메소포타미아 문명의 영향을 많이 받았습니다.

메소포타미아 문명은 오늘날의 중동에 위치한 티그리스·유프라테스강 유역에서 싹텄습니다. 기원전 4000년경에는 오늘날 이라크에 해당하는 수메르 지역을 중심으로 더욱 발전하면서 문자가 발명되었습니다. 이후 바빌론이라는 고대 도시를 중심으로 전성기를 맞으면서 '바빌로니아 문명'으로 불렸지요.

그리스의 역사가 헤로도토스는 바빌로니아의 의학에 대해 "그 시대에는 의사가 없었다. 환자가 생기면 사람들이 붐비는 거리에 데려가 눕혀 놓았다. 지나가는 사람들은 그 환자의 이야기를 듣고 자신이 그 병에 걸린 경험이 있으면 치료법을 가르쳐 줬다"라고 기록했습니다. 하지만 이는 근거가 희박합니다. 고대 바빌로니아인들은 점토판에 당시의 역사를 기록했습니다. 그래서 오늘날에도 당시의 의술을 짐작할 수 있는 자료들이 남아 있습니다. 효과가 썩 좋았다고 할 수는 없지만 식물, 광물, 동물의 분비물 등을 약제로 사용했다는 기록이 있고, 수술 도구에 대한 기록이나 수술에 사용된 것으로 보이는 칼이 발굴되기도 했습니다.

　바빌로니아 문명에서는 도시를 수호하는 신인 마르두크를 가장 막강한 힘을 지닌 신으로 섬기고, 마르두크의 아들 나부를 의학을 포함한 모든 기예를 관장하는 '문장의 신'으로 숭배했습니다. 또한 그들은 질병을 가져다주는 일곱 악마가 있다고 믿었습니다. 그래서 7로 나누어지는 날에는 진료를 하지 않았습니다. 감염병이 유행할 때는 환자를 악마의 눈에 띄지 않게 하려고 격리했습니다. 감염병의 전파를 막으려면 환자가 다른 사람과 접촉하지 않도록 하는 일이 중요하기에, 결과적으로 오늘날의 관점에서도 타당한 조치

였다고 볼 수 있습니다.

당시 의술을 담당한 사람들은 귀족 계급에 속하는 성직자였습니다. 그들은 점술을 통해 증상을 진단하고, 신께 잘못을 비는 참회와 기도, 종교적 의식으로 질병을 치료하고자 했습니다. 병의 진단을 담당하는 사람, 마귀를 쫓는 사람, 약물 요법과 수술을 시행하는 사람 등으로 역할을 나누기도 했습니다. 의사가 되려면 나부의 신전 근처에 세워진 의학 학교에서 공부해야 했습니다.

만약 수술을 하는 도중 사고가 나면 어떻게 대처했을까요? 의사에게 책임을 물었을까요? 기원전 1750년경에 만들어진 바빌로니아의 함무라비 법전에는 의료사고를 저지른 의사를 어떻게 처벌할 것인가에 대한 규정이 여러 가지 남아 있습니다. 바빌로니아 문명은 계급사회였던 까닭에 환자의 신분에 따라 의사가 책임져야 하는 정도가 달랐습니다.

의사가 귀족 환자를 죽게 하거나 다치게 하면 그 의사의 손을 잘랐습니다. 노예를 치료하다 사망에 이르게 하면 자신의 노예를 대신 제공해야 했습니다. 당시 의술을 수행한 성직자들은 귀족이었기에 모두 노예를 소유하고 있었습니다.

함무라비 법전에서는 평민이 귀족의 눈을 멀게 하면 그의 눈을 멀게 하고, 이를 부러뜨리면 그의 이를 부러뜨려야 한

함무라비 법전은 의료사고가 났을 때 의사를 어떻게 처벌할 것인지에 대해서도 명시하고 있습니다.

다고 명시하고 있습니다. 평민만큼은 아니지만 귀족도 처벌을 받았습니다. 귀족이 평민의 이를 부러뜨리면 은 1미나를 지불해야 했습니다. 이런 규정으로 보아 당시 법의 밑바탕에 '보복'이라는 사고가 깔려 있었음을 알 수 있습니다.

바빌로니아의 의사들은 많은 수술을 행했습니다. 함무라

비 법전에는 치료가 성공적으로 이루어졌을 때 의사에게 얼마를 지불할 것인가에 대한 규정도 기술되어 있습니다.

의학의 아버지, 히포크라테스

기원전 6세기에 활동한 철학자 탈레스를 시작으로, 수백 년 간 고대 그리스에는 다양한 분야에서 '창시자'라고 할 만한 학자들이 나타났습니다. 대표적으로는 그리스 철학의 삼두마차라 할 수 있는 소크라테스, 플라톤, 아리스토텔레스를 꼽을 수 있습니다. 수학 분야에서는 유명한 '피타고라스의 정리'를 확립한 수학자 피타고라스, 과학 분야에서는 왕관에 쓰인 금이 순금인지 아닌지를 알아내려다 부력의 법칙을 발견한 아르키메데스가 활동했지요. 이 밖에도 철학자 디오게네스, 역사가 헤로도토스와 투키디데스, 원자 이론을 설파한 데모크리토스 등의 학자를 꼽을 수 있습니다. 기원전 5~4세기 무렵 의학 분야에서도 '창시자'라고 여길 만한 인물이 등장했으니 히포크라테스가 그 주인공입니다.

히포크라테스를 오늘날 '의학의 아버지' 또는 '의학의 창시자'라고 부르게 된 것은 그가 의학을 대하는 사람들의 태도를 근본적으로 바꾸어 놓았기 때문입니다. 히포크라테스가 등장하기 전에는 질병을 신이 내린 벌이라고 생각했으며 적절한 치료법도 부족했습니다.

히포크라테스의 아버지는 그리스 남동부에 있는 코스섬에서 의사로 활약하던 사람이었습니다. 이 섬에는 아스클레피오스 신전도 있어서 히포크라테스는 어려서부터 의학과 의술을 가까이에서 지켜보며 자라날 수 있었습니다.

이탈리아 화가 라파엘로 산치오가 그린 〈아테네 학당〉 그림에서도 볼 수 있듯이, 기원전 3세기 유럽에는 학문의 시초라고 할 만한 인물이 아주 많이 등장했습니다. 히포크라테스는 유럽 각지를 여행하면서 유명한 학자들을 만나고 의견을 나누면서 자신의 학문적 세계에 깊이를 더해 갈 수 있었습니다.

히포크라테스는 "질병은 몸속에 이상이 생겼거나 몸 바깥에 있는 환경과의 부조화 때문에 생긴다. 몸속 또는 외부의 잘못된 환경을 정상으로 바로잡으면 건강을 회복할 수 있다"라고 주장했습니다. 그의 말에 사람들은 신에게 기도할 것이 아니라 질병을 직접 고쳐 보자는 생각을 하게 되었습니다. 실제로 히포크라테스가 하라는 대로 치료를 해보니 병이 낫는 경우가 많았습니다. 이와 같이 히포크라테스는 그 시대

16세기에 이탈리아의 화가 라파엘로 산치오가 그린 벽화 〈아테네 학당〉입니다. 기원전 6세기부터 1,000년 동안 등장한 그리스 학자들을 묘사했습니다. 그림의 가운데에서 토론을 벌이고 있는 두 인물이 바로 아리스토텔레스와 플라톤입니다.

에 널리 퍼져 있던 신 중심의 의술을 사람 중심으로 바꾸어 사람들에게 질병의 고통에서 해방될 수 있는 길을 열어 주었습니다. 히포크라테스로부터 서양 의학이 시작되었다는 평가를 하는 이유입니다. 그는 수술 도구와 수술 방법을 개발하고, 치료에 효과가 있는 약초를 찾아다녔습니다. 신이 아닌 인간의 힘으로 병을 낳게 하는 방법을 연구함으로써 후대인들이 의학을 발전시킬 수 있는 토대를 닦았습니다.

히포크라테스는 평생 동안 어떻게 하면 아픔을 낳게 할 수 있을지 고민하면서 환자를 돌보고, 질병과 관련된 많은 현상을 파악하기 위해 노력했습니다. 치료에 효과가 있었던 방법은 물론 잘못된 의료 행위로 환자의 목숨을 위태롭게 한 사례까지 상세하게 기록해 후대 의사들에게 큰 도움을 주었습니다.

히포크라테스는 "인생은 짧고 예술은 길다"라는 유명한 말을 남겼습니다. 사실 히포크라테스가 남긴 업적을 감안하면 예술보다는 의술로 번역하는 것이 더 적절합니다. 당시는 학문을 다양한 분야로 세분화하기 전이어서 의술과 예술을 제대로 구분하지 않았지요.

히포크라테스는 히포크라테스 선서와 《히포크라테스 전서》라는 훌륭한 유산을 남겼습니다. 히포크레테스 선서는 의학 윤리를 담은 선언문입니다. 기원전 5~4세기 무렵에 만들어졌다고 알려져 있습니다. 아주 오래전부터 전해지는 이 선서를 잘 살펴보면 겹치거나 서로 모순되는 내용도 있습니다. 그것은 히포크라테스가 세상을 떠난 후 오랜 기간에 걸쳐 수많은 사람이 각자의 생각이나 필요에 따라 조금씩 수정했기 때문입니다.

1948년 스위스 제네바에서 열린 세계의사회 총회에서는 이 선서의 내용을 바탕으로 의사로서 환자의 존엄성을 지킬 것을 서약하는 제네바 선언을 만들었습니다. 오늘날 전 세계 많은 의과대학의 졸업식에서는 이 선언문을 낭독하는 전

제네바 선언

의업에 종사하는 일원으로서 인정받는 이 순간에,
나의 일생을 인류 봉사에 바칠 것을 엄숙히 서약한다.
나의 스승에게 마땅히 받아야 할 존경과 감사를 드리겠다.
나의 의술을 양심과 품위를 유지하면서 베풀겠다.
나는 환자의 건강을 가장 우선적으로 배려하겠다.
나의 환자에 관한 모든 비밀을 절대로 지키겠다.
나는 의업의 고귀한 전통과 명예를 유지하겠다.
나는 동료를 형제처럼 여기겠다.
나는 종교나 국적이나 인종이나 정치적 입장이나 사회적 신분을 초월하여 오직 환자에 대한 나의 의무를 다하겠다.
나는 생명이 수태된 순간부터 인간의 생명을 최대한 존중하겠다.
어떤 위협이 닥칠지라도 나의 의학 지식을 인류에 어긋나게 쓰지 않겠다.
나는 아무 거리낌 없이 나의 명예를 걸고 위와 같이 서약한다.

통이 있습니다.

히포크라테스가 얼마나 큰 업적을 남겼는지 더욱 잘 보여 주는 자료는 《히포크라테스 전서》입니다. 이 책은 워낙 방대한 의학 지식을 담고 있으므로 끝까지 읽어 보는 것조차 쉽지 않습니다. 사실 히포크라테스가 직접 쓴 책은 아니며 그를 따른 후대 학자들이 정리한 것입니다. 이 책은 어떤 과정을 거쳐 만들어졌을까요?

기원전 4세기에 그리스, 페르시아, 인도 북부에 이르는 넓은 영토를 정복하며 대제국의 군주로 이름을 날린 마케도니아의 알렉산더 대왕은 무력으로 점령한 지역의 주민들을 동화시키기 위해 문화 정치를 폈습니다. 이집트에 알렉산드리아라는 도시를 건설한 것도 문화 정치의 하나였습니다. 수십 년 후 프톨레마이오스 1세는 이곳에 당시로는 최고라 할수 있는 훌륭한 도서관을 지어 수많은 장서를 보관했습니다. 학문을 연구하고자 하는 사람들은 알렉산드리아의 도서관에 가면 선인들의 지식을 찾아볼 수 있었습니다.

알렉산드리아는 자연스럽게 수많은 학자가 모여드는 학문의 중심지가 되었습니다. 의학에 관심이 있는 이들도 여기에 모여 그때까지 전해지던 의학 서적을 읽으며 지식을 쌓았습니다. 《히포크라테스 전서》는 이들이 히포크라테스의 저술과 자료를 기원전 4세기 무렵부터 수백 년에 걸쳐 수집하고 수정해 발간한 것입니다.

《히포크라테스 전서》에는 질병이 증상의 특징에 따라 체계적으로 분류되어 있습니다. 그전까지 정체를 알기 어려웠던 병의 원인을 규명하려는 시도는 물론 치료법까지 잘 기술되어 있다는 점이 책의 가치와 함께 히포크라테스의 명성을 드높여 주고 있습니다. 주변 환경이 건강에 미치는 영향부터 약초를 이용해 질병을 치료하고 건강을 유지하는 방법, 의사가 환자를 대할 때 갖춰야 할 태도 등에 대해서도 자세한 내용을 담고 있습니다.

로마 최고의 의사, 갈레노스

히포크라테스 이후에는 어떤 의사들이 활약했을까요? 2세기에 로마에서 활동한 갈레노스는 인류 역사상 가장 오랜 기간 의학을 지배한 사람입니다. 중세와 르네상스 시대를 거쳐 18세기가 끝날 무렵까지 그 영향력이 남아 있었으니 무려 1,500년이 훌쩍 넘는 시간 동안 의학계의 중심으로 군림했습니다.

갈레노스는 129년 오늘날 터키 지역에 있는 페르가몬에서 태어나 성장했습니다. 당시 지식인이라면 그리스 문화와 언어에 정통해야 했습니다. 그의 아버지는 부유한 건축가였는데, 다양한 분야에 관심이 많았습니다. 갈레노스가 14세가 될 때까지 아버지는 직접 문학, 철학, 수학 등을 가르쳤습니다. 그런데 어느 날 꿈에서 의술의 신 아스클레피오스를 만나자 아버지는 아들 갈레노스를 의학자로 키우기로 결심하고 의학 공부를 권했습니다.

갈레노스는 152년 이집트 알렉산드리아로 떠나 의학과 철학을 공부했습니다. 158년 고향으로 돌아온 이후에는 다양한 치료법으로 엄청난 명성을 얻었습니다. 골절과 탈골 치료법, 머리에 외상을 입었을 때 수술하는 법, 찢어진 상처를 실로 봉합하는 법, 잘린 혈관을 실로 꿰매는 법, 종양과 낭포를 절단하는 법, 방광결석을 수술하는 법 등 많은 치료법을 개발했습니다. 풍부한 수술 지식 덕분에 검투사를 치료하는 의사로도 유명해졌습니다.

명성이 높아지자 그는 로마의 마르쿠스 아우렐리우스 황제에게 발탁되어 황실의 주치의로 일했습니다. 그래서 황제가 사망하는 180년까지 풍족한 생활을 하며 연구와 집필 활동에 전념할 수 있었습니다. 그는 무려 400여 권에 달하는 의학과 철학 서적을 썼습니다. 지금까지 남아 있는 로마 의학 문헌의 상당수는 그가 쓴 것입니다.

중세 시대 내내 갈레노스의 의학은 반박해서는 안 되는 진리로 받아들여졌습니다. 기독교 신학을 숭배한 중세 시대에는 학계의 분위기가 매우 보수적이며 권위적이었습니다. 의사들은 그의 저술을 부정하는 것을 신에 대한 모독과 같이 여겨 금기시했습니다.

'로마 최고의 의사', '의사의 왕자'라는 별명을 얻은 갈레노스는 의학에서 실습의 중요성을 강조했으며, 해부학과 생리학(생물의 기능과 활동의 원리를 연구하는 학문)에 훌륭한 업적을 많이 남겼습니다.

중세를 빛낸 의학자, 이븐시나

유럽의 중세 시대는 마치 암흑기와 같았습니다. 기독교에 어긋나는 것은 모두 배척당해 학문의 발전이 멈춘 시기였지요. 그러나 유럽과 아시아 사이에 위치한 페르시아는 달랐습니다.

이븐시나는 10~11세기 무렵 페르시아의 대표적인 의학자이자 과학자, 철학자로 활약한 팔방미인이었습니다. 그는 5권의 의학 백과사전을 써서 인체의 기본 원리, 조직, 장기에서 생기는 질병 및 국소 질환, 약제의 사용법 등을 자세히 소개했습니다. 또한 통증이 생명 활동의 중심이며, 통증에는 15가지 종류가 있다고 주장했습니다.

그가 쓴 백과사전은 당시 발간된 의학 서적 중 가장 체계적인 것으로 손꼽힙니다. 아라비아어, 페르시아어로 쓰여 있었음에도 유럽 사회에 어마어마한 영향을 끼쳤습니다. 중세 말기 유럽의 의학자들은 갈레노스의 책들만큼이나 이븐 시나의 저술을 열정적으로 탐구했습니다.

실험과 관찰을 통한 의학의 발전

고대 그리스의 학자들은 뛰어난 업적을 많이 남겼지만 생각으로만 자연을 탐구하고 실험을 하지는 않았습니다. 17세기에 영국의 철학자 프랜시스 베이컨은 그리스 철학자들이 엉뚱한 주장을 한 것은 그것을 뒷받침할 수 있는 실험을 제대로 하지 않았기 때문이라 생각했습니다. 베이컨의 생각에 공감한 영국 학자들은 1660년에 왕립협회라는 모임을 만들어 실험 결과를 공유했습니다. 세계 각지의 학자들이 한 연구를 두고 토론하기도 했습니다. 로버트 보일, 로버트 훅, 크리스토퍼 렌 등 역사에 이름을 남긴 많은 학자가 왕립협회에서 활동했습니다. 가장 어린 나이에 가입한 회원은 유명한 물리학자 뉴턴이었습니다. 이들이 진리를 탐구하는 방식은 후대에 널리 받아들여지며 과학적 연구 방법의 기본 원칙이 되었습니다. 의학도 마찬가지였습니다. 의학은 실험과 관찰을 통해 크게 발전했습니다.

19세기 프랑스의 미생물학자 루이 파스퇴르는 저온살균법을 발견하고, 실험을 통해 생물의 **자연발생설**이 틀렸다는 것을 증명했습니다. 나아가 닭콜레라, 탄저, 광견병의 백신

TIP 자연발생설

음식이 상하면 곰팡이가 생기고, 과일을 상온에 오랫동안 보관하면 초파리가 생깁니다. 겉보기에 곰팡이나 초파리는 저절로 생겨난 것처럼 보입니다. 자연발생설이란 이처럼 생물이 조상 없이도 자연적으로 생겨날 수 있다는 믿음입니다. 고대 그리스의 철학자 아리스토텔레스가 처음 주장했고, 미생물 연구가 시작된 1600년대 중반까지 과학계에서 진리로 받아들여졌지만 파스퇴르를 비롯한 학자들에 의해 틀렸음이 밝혀졌습니다.

을 만들어 인류의 건강에 크게 기여했습니다.

노벨생리의학상을 수상한 러시아의 생물학자 일리야 메치니코프도 끈질긴 실험과 관찰로 의학계에 기여한 인물입니다. 그는 해면, 히드라, 아메바 등의 원생동물을 관찰하다가 아메바가 먹이를 집어삼키는 것을 보고 우리 몸속에도 침입한 세균을 잡아먹는 세포가 있을 것이라 가정했습니다. 그는 실험을 통해 백혈구가 세균을 먹는 것을 발견하고, 세균이 몸속에 침입하면 조직에 염증이 생기는 이유가 상처 주위에 모여든 백혈구 때문이라는 사실을 밝혀냈습니다.

20세기 초 러시아의 생리학자 이반 파블로프는 독특한 실험을 통해 '조건반사'의 원리를 발견했습니다. 이 실험은 '파블로프의 개'로도 널리 알려져 있지요. 그는 개에게 식사 시간마다 종소리를 울린 다음 음식을 먹였습니다. 이 과정을 반복하자 개는 음식을 주지 않더라도 종소리만 들으면 침을 흘렸습니다. 이 실험을 통해 파블로프는 특정 조건을 조성하면 동물이 반사적으로 반응한다는 것을 증명했습니다. 그의 발견은 신경생리 연구의 출발점이 되어 후속 연구에 큰 영향을 주었습니다.

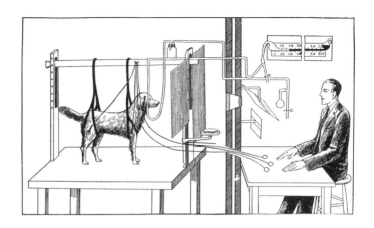

파블로프가 실험하는 장면을 묘사한 그림입니다. 그는 식사 시간마다 종소리를 울린 다음 개에게 음식을 먹이는 실험을 통해 조건반사의 원리를 발견했습니다.

의학의 3요소

의학은 사람을 대상으로 하는 학문입니다. 의사와 환자 사이에 소통이 잘 이루어져야 치료도 원활히 이루어집니다. 환자의 인격과 건강 모두를 지키려면 의학의 3요소인 지식, 기술, 태도를 명심해야 합니다. 의학이 사람에게 도움이 되기 위해서는 지식뿐만 아니라 의학적 처치를 잘 구현하는 기술, 환자를 대하는 태도가 모두 중요하기 때문입니다.

고대 바빌로니아의 성직자들처럼 과거에는 권위와 능력을 지닌 누군가가 의술을 행했습니다. 오늘날에는 의과대학을 졸업하고 시험을 통과해 정식 면허를 가진 자만이 의사가 될 수 있습니다. 의학 교육기관에서는 의학의 3요소를 모두 갖춘 의사를 양성해야 합니다. 훌륭한 의사가 되기 위해서는 지식과 기술, 태도를 모두 잘 갖추어야겠습니다.

해부

결정적 질문 ②

인간의 몸속을

관찰할 수 있을까?

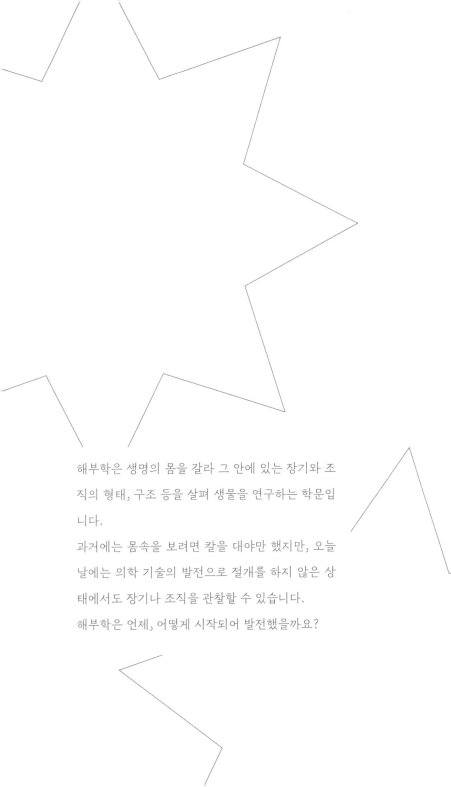

해부학은 생명의 몸을 갈라 그 안에 있는 장기와 조
직의 형태, 구조 등을 살펴 생물을 연구하는 학문입
니다.

과거에는 몸속을 보려면 칼을 대야만 했지만, 오늘
날에는 의학 기술의 발전으로 절개를 하지 않은 상
태에서도 장기나 조직을 관찰할 수 있습니다.

해부학은 언제, 어떻게 시작되어 발전했을까요?

고대 이집트인이 남긴 지식

모든 역사의 시초를 찾노라면 이집트의 파피루스를 살펴보지 않을 수 없습니다. 고대·이집트인들은 나일강 유역에서 자라는 파피루스라는 식물을 얇게 가공해서 그 위에 다양한 기록을 남겼습니다.

기원전 1600년경에 작성된 에드윈 스미스 파피루스*The Edwin Smith Papyrus*에는 인류 최초의 해부 기록이 담겨 있습니다. 심장, 간, 지라, 콩팥, 방광 등은 물론 심장으로 연결되는 혈관을 관찰한 내용이 기록되어 있습니다. 이 밖에도 공기를 운반하는 혈관, 점액을 운반하는 혈관, 뇌의 주름이나 뇌척수액을 설명한 것으로 보이는 내용도 적혀 있습니다. 이 기록에 따르면, 이집트인들은 오른쪽 귀로 가는 두 개의 혈관이 생명을 유지하는 힘을 전달하고, 왼쪽 귀로 가는 두 개의 혈관이 죽음에 이르게 하는 힘을 전달한다고 믿었습니다.

기원전 1550년경에 작성된 에버스 파피루스*The Ebers Papyrus*에는 심장이 혈액을 공급하는 중심 기관이며 혈관은 온몸에 분포하고 있다고 기록되어 있습니다. 이 시대의 이집트인들은 심장은 물론 콩팥의 기능도 어느 정도 알고 있었던 것으로 보입니다. 그들은 심장이 혈액, 눈물, 소변, 정자와 같은 체액을 공급한다고 믿었습니다.

고대 이집트의 유물로는 파피루스뿐만 아니라 벽화와 미라도 있어 당시의 의학 수준을 보여 주는 자료가 다른 문명에 비해서 아주 많습니다. 해부학을 비롯한 거의 모든 의학이 이집트에서 시작되었다고 느껴질 정도로 다양한 유물이 전해집니다.

동물을 해부한 그리스 학자들

고대 그리스인들은 해부학에 많은 유산을 남겼습니다. 그들은 동물을 해부하고 관찰한 결과를 기록했습니다. 이 분야의 선구자는 기원전 5세기 무렵에 활약한 의학자 알크메온입니다. 알크메온은 시신경을 발견하고, 태아의 형태를 관찰해 머리가 다른 부위보다 먼저 발달한다고 기록했습니다. 그의 해부는 사람의 지성이 어디에서 비롯되는지를 찾기 위한 것이었습니다.

의학의 아버지라는 별명에 걸맞게 히포크라테스는 해부학에서도 괄목할 만한 업적을 남겼습니다. 그는 근골격계의 구조는 물론 콩팥을 비롯한 몇몇 장기의 기능을 알고 있었습니다. 또한 염소를 해부한 결과를 바탕으로 사람의 뇌는 수직으로 배열된 막에 의해 양쪽 반구로 나뉘며, 수많은 혈관을 통해 혈액을 공급받는다고 생각했습니다. 신성한 병이라 해서 '신성병'이라 명명한 뇌전증은 뇌에 이상이 생겨 발생하며, 뇌가 지능, 감각, 운동 모두를 통제한다는 주장을 펼치기도 했습니다. 오늘날의 의학 수준에 비추어 보아도 훌륭한 발견입니다. 철학자 플라톤도 지능과 감정은 뇌에서 담당하는 기능이라고 주장했습니다.

커다란 도서관이 있었던 이집트 알렉산드리아에는 해부학에 관심이 있는 이들도 모여들었습니다. 그중에는 '고대 해부학의 아버지'로 통하는 헤로필로스도 있었습니다. 기원전 4세기 헤로필로스는 참관자들이 지켜보는 가운데 인체를 해부했습니다. 그는 해부 결과를 바탕으로 뇌가 인간 지성의 중심이라고 주장했습니다. 헤로필로스는 신경을 운동신경과 감각신경으로 구분하고, 머리의 여러 신경이 어떻게 이어지며 어떤 기능을 하는지도 일부나마 알고 있었습니다. 대뇌와 소뇌는 물론 뇌실과 뇌정맥동 등 뇌의 구조와 기능에 대해서도 기록을 남겼습니다. 또한 뇌에 주름이 있으며, 뇌가 신체의 가장 중요한 기관이라고 생각했습니다. 맥박의 중요성을 강조하고, 식물성 약의 효과를 밝혀내고, 운동이 건강에 얼마나 중요한지 기술하기도 했습니다. 다만 **히포크라테스**의 4체액설을 그대로 믿고 질병의 원인이라 한 점은 아쉬움으로 남습니다.

같은 시대 헤로필로스의 경쟁자였던 에라시스트라토스는 알렉산드리아에 해부학교를 세운 사람입니다. 그는 사람이 동물보다 지능이 높은 것은 뇌에 주름이 많기 때문이며 뇌가 인체를 통제하는 최고 기관이라 생각했습니다. 또한 심장이 혈액의 근원이고 혈액과 공기는 생명을 유지하는 데 꼭 필요한 요소라고 주장했습니다. 심장의 판막을 처음 발견한 사람도 에라시스트라토스입니다.

앞서 소개한 로마의 갈레노스는 동물 해부를 통해 얻은 지식을 토대로 생리학 체계를 세우고자 노력했습니다. 그가 정리한 해부학 책은 현재 남아 있는 것만 22권입니다. 근육과 골격에 대해 그가 기술한 지식은 의학 발전에 크게 공헌했습니다. 다만 그는 사람을 직접 해부하지 않고 동물실험으로 해부학을 연구했습니다. 돼지, 개, 양, 원숭이 등을 관찰해 얻은 지식이었기에 실제 사람의 심장이나 내장과 비교하면 오류가 많았습니다.

고대 그리스 철학자들은 이 세상이 무엇으로 이루어져 있는지를 밝혀내는 데 관심이 많았습니다. 히포크라테스보다 27년 먼저 태어난 엠페도클레스는 물, 불, 공기, 흙이 만물의 근원이라는 '4원소설'을 주장했습니다. 4원소설은 아리스토텔레스를 비롯한 많은 학자가 신봉한 것은 물론 1803년 존 돌턴이 원자설을 주장할 때까지 오랫동안 과학계에서 진리로 통했습니다.

4원소설의 영향을 받은 히포크라테스는 '4체액설'을 주장했습니다. 그는 우리 몸이 차고, 뜨겁고, 마르고, 습한 4가지 체액으로 구성되어 있다고 생각했습니다. 건강을 유지하려면 이 체액들이 균형을 이루고 있어야 하며, 어느 한 가지가 더 많아진다면 다른 체액을 보충하는 것이 올바른 치료법이라고 주장했습니다. 4체액에는 혈액, 점액, 황담즙, 흑담즙이 속합니다. 히포크라테스에 따르면 혈액은 뜨겁고 습한 성질, 점액은 차고 습한 성질, 황담즙은 뜨겁고 건조한 성질, 흑담즙은 차고 건조한 성질을 지니고 있습니다. 사실 검은색 담즙은 존재하지도 않습니다. 간에서 십이지장으로 분비되어 소화를 돕는 담즙은 실제로는 노란색을 띕니다.

4체액설은 근대가 시작되기까지 질병의 원인을 설명하는 가장 유력한 이론으로 받아들여졌습니다.

최초의 인체 해부도

가장 처음 인체의 해부도를 그린 사람은 누구일까요? 유럽에서는 16세기 야코포 베렌가리우스가 그린 해부도를 세계 최초의 해부도로 평가하고 있습니다.

이탈리아 볼로냐대학교의 외과 교수였던 베렌가리우스는 100구 이상의 시체를 해부해 그때까지 알려지지 않았던 많은 조직을 발견했습니다. 간, 맹장과 맹장 끝에 달린 꼬리에 관한 자세한 서술을 남기기도 했습니다. 그가 활약한 시기는 중세가 끝나고 근대에 접어들던 때로 기독교의 영향력이 전보다 약해지고 있었습니다. 그러므로 금기시되었던 인체 해부가 지역에 따라 어느 정도 허용되었습니다. 시대의 변화에 힘입어 베렌가리우스는 1521년에 저술한 책에 최초의 인체 해부도를 그렸습니다.

그런데 베렌가리우스는 갈레노스의 지식에 잘못된 점이 있다는 것을 발견하고서도 이를 부정했습니다. 과거의 폐쇄적인 학문 분위기를 그대로 따른 것입니다. 오히려 갈레노스의 의학에 의심을 품고 있는 다른 사람들을 비판하는 태도를 취함으로써 한계를 드러냈습니다.

르네상스 시대에 활약한 화가 레오나르도 다빈치도 놀라

운 해부학적 성취를 이룬 인물입니다. 그는 예술뿐만 아니라 발명, 건축, 공학, 천문학, 식물학 등 다방면에 뛰어난 팔방미인이었습니다. 의학의 발전에도 큰 업적을 남겼습니다. 그가 남긴 의학에 관한 저술은 무려 7,000쪽에 이릅니다. 이 저술에서 그는 심장박동과 혈액순환에 관한 생리학적인 개념을 정리하고 인체 해부도를 남겼습니다. 여러 인체 부위의 기능에 대해서도 자세히 기술했습니다. 후세의 어느 역사가는 "레오나르도가 살던 시대에 적당한 보존제만 있었다면 그는 더 훌륭한 해부학적 업적을 남겨 의학 발전을 크게 앞당길 수 있었다"라며 아쉬워했습니다. 그가 해부에 관심을 가진 것은 인체 구조를 정확히 알아내고 싶어서였습니다. 회화나 조각 등의 예술 작품을 만들 때 해부학적 지식이 풍부하면 몸을 정확하게 표현할 수 있었습니다.

그러나 그가 남긴 해부도는 그가 세상을 떠난 후 200년이 지나서야 발견되는 바람에 해부학 발전에 실질적으로 기여하지는 못했습니다.

우리나라에서는 누가 최초로 해부를 했을까요? 임진왜란 때 의병장으로 활약한 전유형입니다. 조선 후기의 학자인 이익의 저서 《성호사설》에 전유형이 해부를 했다는 기록이 전해지고 있습니다. 그는 전투 중에 사망한 일본군 세 명을 해부했다고 알려져 있습니다. 임진왜란이 끝나고 나서는 광주목사, 형조참판 등의 벼슬에 올랐습니다. 광해군과 왕비의 병 치료에 참여할 정도로 의술에 능했던 그는 〈오장도〉라는 해부도를 남겼습니다.

근대 해부학의 아버지, 베살리우스

해부학의 발전에는 앞서 소개한 그리스의 학자들과 베렌가리우스도 기여했지만 가장 큰 획을 그은 이는 안드레아 베살리우스입니다. 1514년에 벨기에에서 태어난 그는 프랑스에서 의학을 공부하면서 해부에 빠져들었습니다. 스무 살 무렵에는 주변에서 따를 이가 없을 정도로 해부학에 해박해졌지요. 그런데 프랑스에서는 시체를 신성시하는 분위기가 남아 있었으므로 해부용 시체를 구하기가 어려웠습니다. 그는 너무 연구를 하고 싶은 나머지 무덤에서 남몰래 시체를 파내기까지 했습니다.

그러다 1537년에 이탈리아 파도바대학교 교수로 임용되면서 한층 더 쉽게 해부학 연구를 할 수 있었습니다. 프랑스와는 달리 이탈리아에서는 인체 해부가 널리 시행되고 있었

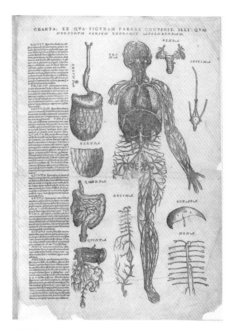

베살리우스가 저서에 그린 인체 해부도입니다. 그는 '근대 해부학의 아버지'라고 평가받고 있습니다.

기 때문입니다.

1543년 그는 30세가 채 되지 않은 나이에 《인체의 구조에 관하여》를 저술했습니다. 이 책에서 그는 갈레노스의 해부학 지식 중에 잘못된 것이 많으므로 반드시 해부를 통해 몸속을 관찰하고 확인해야 함을 강조했습니다.

과학사의 변곡점, 1543년

베살리우스가 저서를 발표한 1543년은 과학 역사에서 매우 중요한 해입니다. 같은 해 이탈리아의 천문학자 코페르니쿠스가 지구가 태양을 돌고 있다는 지동설을 주장한 책《천구의 운동에 관하여》를 발표했지요. 이 책에서 그는 1,600여 년 동안 과학계에서 진실이라 믿어온 천동설이 틀렸다고 설파했습니다.

두 책의 내용이 진실임이 드러나면서 후대의 과학자들은 오랫동안 진리로 여겨진 이론에도 의심을 품게 되었습니다. 또한 관찰과 실험, 추론을 통해 진리를 탐구하는 귀납법이 발전하게 되었습니다. 1543년을 전후로 과학자들이 학문을 대하는 태도가 크게 달라졌다는 점에서 이 해를 기준으로 그 이전은 과학사의 중세, 그 후는 근대라 구분하기도 합니다.

해부로 질병의 원인을 찾다

1761년 이탈리아의 조반니 모르가니는 히포크라테스의 4체액설을 부정하는 획기적인 주장을 펼쳤습니다. 그는 해부를 통해 질병을 진단하는 일에 관심이 많은 학자였습니다. 특히 장기의 이상을 쉽게 관찰할 수 있는 위암, 위궤양, 간위축, 동맥류를 집중적으로 연구했습니다. 그는 질병을 앓

앗던 인체 내에서 어떤 변화가 일어났는지 유심히 관찰한 끝에 "질병은 장기의 이상 때문에 생긴다"라는 결론을 내렸습니다. 이는 2,000년 이상 진리로 받아들여진 히포크라테스의 이론, 즉 몸속의 체액이 질병을 일으킨다는 생각에 반박하는 주장입니다.

모르가니의 주장은 오늘날의 의학으로 보자면 모두 옳지는 않습니다. 장기의 이상으로 발생하는 질병도 있지만 그렇지 않은 질병도 있기 때문입니다. 질병은 아주 다양하고 발생하는 이유도 복잡합니다. 그럼에도 그가 훌륭한 의학자라는 평가를 받는 것은 의학과 질병을 바라보는 새로운 관점을 제시했기 때문입니다.

모르가니의 발견 이후 의학자들은 질병의 원인을 찾을 때 히포크라테스의 4체액설 이론에 기대기보다는 어떤 장기에 어떤 이상이 생기는지 관찰하려는 태도를 가지게 되었습니다. 이는 인체를 진단하는 청진, 타진, 영상술 등이 발전하는 계기가 되었습니다.

프랑스의 해부학자 마리 비샤는 모르가니의 주장에서 한 걸음 더 나아가 해부학에 '조직'이라는 개념을 처음 도입한 인물입니다. 그는 인체를 스물한 개 조직으로 구분한 다음 병에 걸렸을 때 조직에 어떤 변화가 생기는지를 관찰한 결과를 토대로 질병이 조직의 이상 때문에 생긴다고 주장했습니다. 조직은 장기보다 작은 개념이므로 모르가니의 이론보다 더 작은 단위에서 질병의 원인을 설명하려 했다고 할 수 있습니다. 그런데 비샤는 1802년 31세의 나이로 사망했습니다. 계속해서 더 많은 업적을 남겨야 할 재능 있는 의학자가 요절한 것은 의학 역사에 있어서 무척이나 안타까운 일입니다.

현미경으로 몸속 세포를 관찰하다

의학 연구에 꼭 필요한 현미경은 맨눈으로 보이지 않는 아주 작은 생물체를 볼 수 있게 해주는 도구입니다. 17세기 마르첼로 말피기는 현미경으로 모세혈관을 확인하고, 로버트 훅은 생명체가 세포로 이루어져 있음을 밝혀냈습니다.

19세기 초가 되자 현미경을 이용한 연구가 매우 활발하게 이루어졌습니다. 특히 독일에서 새로운 발견이 많았습니다. 그중에서도 루돌프 피르호는 '세포병리학(조직과 세포의 변화를 살펴 질병의 원인과 발생 과정을 연구하는 학문)의 아버지'라는 별명이 붙을 만큼 탁월한 업적을 남겼습니다. 피르호는 1845년 백혈병에 대해 최초로 기술해 명성을 얻기 시작했습니다. 1849년부터는 독일 뷔르츠부르크 대학교, 베를린대학교 등에서 병리학 교수로 일하면서 그간 맨눈으로만 관찰하던 연구에 현미경을 도입해 병리학의 수준을 한 단계 끌어올리는 성과를 거두었습니다. 또한 질병이 세포와 같은 아주 작은 단위에 이상이 생겨 발생한다는 이론을 정립했습니다.

1858년 발표한 저서 《세포병리학》에서 피르호는 세포가 생물의 최소 단위이며 몸속 장애의 기본 단위라는 병리학의 기초 원리를 제시했습니다. 이 책은 수많은 질환을 체계적으로 분류하는 기초가 되었으며, 오늘날 질병의 원인을 진단할 때 중요한 역할을 하는 세포병리학의 출발점이 되었습니다. 실험과 관찰을 매우 중요시한 그는 "어떤 훌륭한 이론적 고찰도 확실한 실증 없이는 그 생명력이 사라진다"라는 명언을 남겼습니다.

해부를 하지 않고 몸속을 본다면

과거에는 살아 있는 사람의 몸을 들여다보려면 신체에 손상을 가해야만 했습니다. 오늘날에는 몸을 절개하지 않고도 몸속을 볼 수 있는 여러 방법이 있습니다.

영상의학과에서는 환자 몸속의 문제를 파악하기 위해 사진을 찍습니다. 평소에 아무 이상을 느끼지 않는 사람들도 건강검진을 위해 사진을 찍습니다. 의사들은 간단히 촬영한 엑스선 사진 한 장만으로도 많은 것을 파악할 수 있습니다. 이러한 영상술의 시작을 알린 사람은 독일의 빌헬름 뢴트겐입니다. 그는 1888년에 뷔르츠부르크 대학교 물리학 교수로 부임해 음극선관 속에서 일어나는 전기 현상을 연구했습니다.

빛이 차단된 곳에서는 음극선관 내부의 금속선에서 튀어나오는 전자가 유리로 된 음극선관 벽에 부딪히면서 녹색으로 빛났습니다. 이때 전자가 부딪히는 곳에 알루미늄판이 있으면 전자가 뚫고 지나갈 수 있었습니다. 그런데 시안화바륨을 바른 유리판을 놓으면 전자가 부딪힐 때 더 밝은 빛을 냈습니다. 그 이유를 알아내려는 것이 뢴트겐의 연구 주제였습니다.

실험 조건들을 바꾸어 가면서 연구를 계속하던 뢴트겐은 시안화바륨을 칠한 유리판이 빛나는 것은 알려지지 않은 특정 물질이 튀어나오기 때문이라는 가설을 세웠습니다. 그의 생각에 이때 발산되는 빛은 가시광선 범위를 벗어나면서 방사능을 가진 특이한 빛이었습니다.

1895년 11월, 연구에 사용 중인 음극선관 앞에 손을 내밀자 유리판에는 손이 보이는 대신 손 안에 있는 뼈만 볼 수 있었습니다. 뢴트겐이 사용한 빛은 방사선의 특징을 가지고 있었던 것입니다. 그는 이 빛에 그때까지 알지 못한 정체불명의 빛이라는 뜻에서 엑스선이라는 이름을 붙였습니다.

가설을 세우는 이유

과학자들은 새로운 사실을 알아내려 할 때 가장 먼저 가설을 세웁니다. 그때까지 발견한 내용을 바탕으로 '이렇게 하면 이런 현상을 확인할 수 있을 거야'라고 상상해 보는 것입니다. 다음으로 가설을 검증할 수 있는 방법을 고안합니다. 가설 검증에 필요한 적절한 기구나 장치, 방법을 스스로 준비해 실험합니다.

그런데 아무리 창의적인 가설과 효율적인 방법을 고안해 실험했다 하더라도 원하는 결과를 얻지 못하는 경우가 무척 많습니다. 그런 경우에는 실험 조건을 달리하면서 가설과 방법을 계속 수정해 나가야 합니다.

가설을 검증하는 과정은 빨리 원하는 답을 알아내는 경우도 있지만 때로는 아주 긴 시간을 요구합니다. 역사적으로 인류에게 도움이 된 위대한 발견은 어느 한 순간에 이루어진 것이 아니라 많은 사람의 생각과 노력을 통해 긴 시간이 지나 얻어진 경우가 많습니다.

인간의 몸속을 관찰할 수 있을까?

1896년 1월 23일에 발표된 이 발견은 과학사에 손꼽히는 위대한 순간입니다. 뢴트겐은 1897년에 자신의 연구 결과를 《엑스선의 성질에 관한 지속적인 연구》라는 제목의 책으로 발표했습니다. 전자가 유리나 금속판에 부딪힐 때 생기는 엑스선은 현대 의학은 물론 과학 발전에 중요한 역할을 해오고 있습니다.

엑스선은 골격 검사, 이물질 검사, 장기의 움직임과 모양 검사 등에 활용되기 시작하며 빠르게 의료 현장에 번져 갔습니다. 오늘날 영상의학과에서는 방사선을 이용해 인체 조직이나 기관의 변화를 일으키는 질병들을 진단하고 있습니다. 방사선종양학과는 방사선을 이용해 종양을 치료하는 과목입니다.

1960년대에는 초음파가 개발되었습니다. 초음파는 방사선을 사용하지 않으므로 인체에 해가 없고, 실시간으로 사용할 수 있다는 장점이 있습니다. 여성의 배 속에 있는 태아의 상태를 살펴볼 때도 이용하고 몸속의 비정상적인 덩어리를 찾아낼 때도 사용합니다. 우리 귀에는 들리지 않는 음파를 발사해서 요로결석과 같은 몸속의 돌멩이를 박살내 밖으로 배출하기도 합니다.

영국의 고드프리 하운스필드는 다양한 각도에서 찍은 영

상을 합치면 상자 내에 있는 물체를 입체적으로 파악할 수 있을 것이라 생각했습니다. 그는 이 생각에 착안해 여러 방향에서 엑스선을 보내 얻은 영상을 합성하는 컴퓨터를 만들었습니다. 이를 전산화단층촬영^{CT}이라 하며 1971년 10월에 처음 의학계에서 이용되었습니다. 이전에는 2차원의 사진 한 장으로 인체를 관찰하던 것에서 한층 더 나아가 몸속의 이상을 입체적으로 파악할 수 있게 된 것입니다. 당시 개발한 방법으로는 전신사진을 얻으려면 꼬박 24시간이 걸릴 정도였으나 지금은 1시간 만에 끝낼 수 있을 정도로 기술이 발전되었습니다.

자기공명영상^{MRI}은 1984년부터 의학에서 본격적으로 이용되기 시작했습니다. 일반인들에게는 전산화단층촬영과 자기공명영상이 큰 차이가 없이 느껴질 수 있으나, 두 영상은 잘 보이는 부위가 다릅니다. 전산화단층촬영으로는 뼈와 출혈을 잘 볼 수 있고, 자기공명영상으로는 근육, 신경, 지방 등과 같이 연한 조직을 잘 볼 수 있습니다. 의사들은 어떤 질환이 의심되느냐에 따라 이용할 영상술을 결정합니다.

또 다른 영상술로는 핵의학과에서 주로 사용하는 양전자단층촬영^{PET}이 있습니다. 이 촬영은 양전자를 방출하는 방사성 의약품을 이용해 인체의 생리 현상을 영상으로 나타내

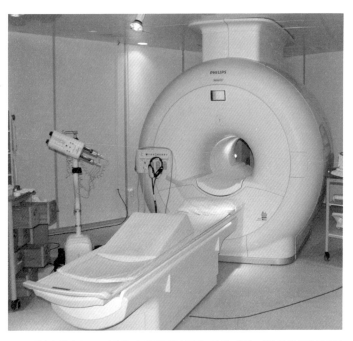

1984년부터 본격적으로 이용한 자기공명영상으로는 근육, 신경, 지방 등의 연한 조직을 촬영할 수 있습니다.

는 핵의학 검사 방법으로, 주로 암세포가 인체의 어디에 위치해 있는지를 확인하기 위해 이용합니다. 암세포의 위치와 상태를 파악해 암 종류를 구별하고 병세가 얼마나 깊은지, 치료가 잘 되어 가고 있는지를 알아볼 수 있습니다. 또한 심장이나 뇌질환 진단에도 사용합니다.

엑스선과 초음파가 2차원, 전산화단층촬영과 자기공명영

상이 3차원 영상을 보여 준다면 양전자단층촬영은 4차원적 영상이라고 할 수 있습니다. 오늘날 사용하는 양전자단층촬영 기계의 원형을 처음 발명한 이는 노벨생리의학상 후보에 오른 조장희 박사입니다.

요즘에는 4가지 영상술 중에서 2가지 이상의 기술을 혼합하는 방법도 사용하고 있습니다. 3차원 영상에서 표적이 되는 부위의 기능이 어느 정도인지를 파악할 수 있는 기술이 개발되어 몸속에 이상이 생긴 부위와 그 기능을 함께 알 수 있습니다.

마취

고통 없이

수술할 수 있을까?

인간은 언제부터 수술을 했을까요? 20세기 식민지 개척을 위해 아프리카 대륙을 탐험하던 유럽인들은 원시 부족들이 머리에 구멍을 뚫는 수술을 하는 것을 목격했습니다. 부족들의 오랜 전통으로 미루어 보건대 인류는 매우 오래전부터 수술을 시도했을 것으로 추정됩니다.

안전하게 수술을 하려면 통증을 없애 주는 마취제가 필요합니다. 또한 수술 후에 미생물에 감염되어 발생할 수 있는 합병증을 막을 수 있어야 합니다. 인류는 수술할 때 생기는 극심한 통증을 어떻게 해결했으며, 수술 후에 뒤따를 수 있는 부작용에 어떻게 대비했을까요?

원시인들의 수술

원시인들도 아픈 환자에게 수술을 했을까요? 수술의 흔적이 나타난 최초의 유물로는 구멍 뚫린 머리뼈를 들 수 있습니다. 기원전 1만 2000~5000년경의 것으로 추정되는 머리뼈 수백 개가 유럽, 중국, 남아메리카 등지에서 발견되었습니다. 이 머리뼈들에는 공통적으로 다양한 크기의 타원형 구멍이 뚫려 있습니다.

구멍이 뚫린 부위 주변에는 새로운 뼈가 자라난 흔적이 있습니다. 이를 보면 머리뼈의 주인은 수술을 받고 꽤 오랜 기간 생존했을 것으로 추정됩니다. 그리고 새로 자라난 듯한 머리뼈의 흔적은 유럽보다는 남아메리카에서 훨씬 많이 나타납니다. 따라서 남아메리카 지역의 수술이 더 높은 수준으로 발달했었다고 할 수 있겠습니다. 원시인들은 이러한 수술을 왜 행했을까요? 두통 해소, 정신 치료, 악령 퇴치 등의 이유로 수술을 한 것으로 추정되지만 확실한 이유는 밝혀지지 않았습니다.

마취 효과가 있었던 술과 식물

알코올이 들어 있는 술을 마시면 취한다는 사실은 고대인들도 알고 있었습니다. 현존하는 술에 대한 기록 중 가장 오래된 것은 기원전 2000~1500년경에 작성된 것으로 추정되는 이집트의 파피루스입니다. 파피루스 기록에 따르면 이집트인들은 여러 가지 맥주 제조법을 만들었습니다. 오래전 사람들은 술에 취하면 신이 나서 노래가 절로 나오고 춤을 추게 되는 변화를 경험했습니다. 이때 넘어져서 상처가 생겨도 평상시와 달리 통증이 덜 느껴진다는 사실도 깨달았습니다. 술은 원시적인 마취법의 하나였습니다. 고대인들은 고통이 동반되는 수술이나 치료를 해야 할 경우에 환자에게 술을 마시게 했습니다. 환자는 물론 의사도 술을 마신 후 수술에 임했다는 기록이 있습니다.

식물도 마취제로 이용되었습니다. 디오스코리데스는 로마에서 네로 황제가 재임하던 시절 외과 의사이자 약물학자로 명성을 날린 인물입니다. 그가 남긴 책은 1,500년 동안 약용 식물에 대한 중요한 고전으로 널리 읽혔습니다. 77년에 저술한 이 책에서 그는 600가지에 달하는 식물의 줄기와 뿌리를 구분하고 그 식물의 약효와 사용 방법을 기술했습니

1390년 발간된 《건강 백과사전》에서 만드라고라를 묘사한 삽화입니다. 중세 시대 유럽의 여러 전설에서는 만드라고라를 사람을 닮은 신비롭고도 기괴한 약초로 묘사합니다.

다. 여기에는 마취 효과가 있는 식물도 기록되었습니다. 그는 '만드라고라'라는 식물의 뿌리를 포도주에 담가 두면 수술을 할 때 유용하게 쓸 수 있을 것이라 했습니다. 로마의 박물학자 플리니우스도 만드라고라에 대한 기록을 남겼습니다. 그의 기록에 따르면, 로마에서는 십자가에 매달린 죄수의 고통을 덜기 위해 만드라고라를 사용했습니다. 아시아에서도 고문받는 죄수의 고통을 줄여 주기 위해 사용했다고

고통 없이 수술할 수 있을까?

전해집니다. 환각과 최면 효과가 있는 만드라고라의 뿌리는 독특하게도 사람의 형상을 닮아 중세 유럽의 전설과 민간신앙에도 신비로운 약초로 자주 등장합니다.

흑해 부근에 살던 스키타이족과 이집트인, 아랍인 들은 대마초를 마취제로 이용했습니다. 대마초는 3세기 중국에서도 의사들이 환자의 정신을 몽롱하게 해 고통을 줄이기 위해 사용했습니다.

덜 익은 양귀비 열매의 진물을 굳혀 말린 물질인 아편도 마취제로 이용되었습니다. 중세 시대에 서남아시아 지역에서 활약하며 의학 백과사전을 남긴 이븐시나는 11세기에 아편에 대해 "가장 강력하게 혼미 상태를 일으키는 물질"이라고 기록했습니다. 감각을 마비시키는 아편의 효과는 중국에 수천 년 전부터 알려져 있었습니다. 2,000여 년 전 이집트에서도 양귀비를 사용했다는 기록이 있습니다. 9세기에 유럽 의사들은 아편 혼합물을 덜 익은 블랙베리, 상추씨, 만드라고라, 담쟁이덩굴 등과 함께 스펀지에 적셔 두었다가 햇빛에 말려 마취제를 만들었습니다. 말린 스펀지를 보관한 다음 필요할 때 미지근한 물에 담가서 환자의 코에 갖다 대어 마취 효과를 보았다고 합니다.

오늘날 마약으로 분류될 만큼 치명적인 중독성이 있는 아편은 16세기부터 20세기에 이르기까지 유럽의 의사들 사이에서 흔히 사용되었습니다. 영국의 토마스 시드넘은 17세기에 장중첩증 수술을 할 때 통증을 줄이기 위해 아편을 썼습니다. 이런 수술에 사용하기 위해서는 꽤 많은 양이 필요하므로 위험한 방법이었습니다. 아편은 안전한 마취제가 개발된 20세기에도 가끔씩 마취 목적으로 사용되었습니다.

온도와 압력을 이용한 마취

아주 추운 날에 팔이나 얼굴을 오래 노출하면 피부가 얼얼해지면서 감각이 마비되는 듯한 경험을 한 적이 있지 않나요? 고대인들도 온도와 감각의 관계를 오래전부터 경험적으로 알고 있었습니다. 기원전 2500년경 고대 이집트인들은 상처를 치료하고 염증을 줄이기 위해 낮은 온도를 이용했습니다. 히포크라테스는 "관절을 삐어 종창(부어오르는 현상)과 통증이 생기는 경우는 대개 많은 양의 찬물을 부으면 좋아진다. 무감각은 통증을 줄일 수 있다"라는 기록을 남겼습니다. 중세 페르시아의 이븐시나도 이를 뽑기 전에 찬물로 이와 잇몸의 감각을 무디게 했습니다.

얼음으로 통증을 줄이려 한 가장 유명한 인물은 프랑스의 도미니크장 라레입니다. 18세기 말부터 19세기 초 나폴레옹 군대의 군의관으로 활동한 그는 말이 끄는 구급차를 개발하기도 했습니다. 라레는 1807년에 프러시아에서 벌어진 전투에서 부상을 입은 군인을 치료하다가 팔다리의 절단 부위를 차게 하는 경우 통증이 감소하는 현상을 발견했습니다. 그는 이를 기억해 두었다가 1812년 나폴레옹이 러시아 침공을 위해 보로디노에서 벌인 전투에서 24시간 동안 눈과 얼음을 이용해 200회의 사지절단술을 시도했습니다. 베레지나에서 벌어진 전투에서는 무려 300회 이상의 사지절단술을 시행했지요.

통증을 줄이기 위해 혈관을 압박하는 방법도 이용되었습니다. 의사들은 경동맥을 누르면 의식을 잃게 되는 원리를 다양한 수술에 이용했습니다. 예를 들어 절단 수술을 할 때 혈관을 누르는 클램프나 나사로 통증을 줄이고자 했습니다. 그러나 이러한 기구들은 자칫하면 통증을 더 크게 만들 수 있었고, 몸에 해가 되기도 했습니다. 실제로 경동맥을 오래 누르면 위험합니다. 5분 이상이 지나면 뇌가 산소를 공급받지 못해 뇌사 상태에 빠질 수 있습니다.

18세기에는 출혈을 통해 통증을 줄이려고도 했습니다.

1777년에 영국 에든버러의 의사 알렉산더 먼로는 관절이 탈골된 환자를 치료하기 전에 피를 빼내 의식을 잃게 했습니다. 환자는 축 늘어져 통증을 느끼지 못했지요. 이렇게 환자가 기절했을 때 수술을 하는 방법은 19세기 초까지 이용되었습니다. 오늘날의 관점에서 보면 굉장히 위험한 방법이지요.

영국과 인도에서는 최면이 수술에 동원된 적도 있습니다. 18세기 최면술에 능했던 독일의 의사 프란츠 메스머와 그의 제자들은 수술을 앞둔 환자들에게 최면을 걸었습니다. 그런데 최면은 빠르게 대처해야 하는 응급 상황에서는 사용하기 어려웠습니다. 모든 이들이 쉽게 최면에 걸리지 않는 점도 문제였습니다.

웃음 가스라 부른 아산화질소

1772년 영국의 신학자이자 철학자인 조지프 프리스틀리는 탄산 가스를 이용한 소다수 제조 방법을 처음 개발했습니다. 이때 암모니아, 이산화황, 염화수소 등 여러 가지 물질의 합성을 시도했는데 그 과정에서 아산화질소라는 특이한 기체를 발견했습니다. 그러나 그는 아산화질소를 마취제로 사용하려는 생각은 하지 못했습니다.

1798년 영국 브리스톨에는 여러 기체에 대한 인체 반응을 연구하는 연구소가 설립되었습니다. 험프리 데이비는 이 연구소에서 과학자들의 연구를 돕는 의대생이었습니다. 데이비는 당시의 화학자들이 그랬던 것처럼 실험할 때 미지의 물질을 관찰하면 냄새를 맡는 습관이 있었습니다. 소화불량과 두통으로 고생하던 어느 날, 그는 아산화질소를 들이키면 기분이 좋아지면서 통증이 사라짐을 발견했습니다. 얼마 후 이를 뽑을 때 예전의 경험을 떠올리고 아산화질소를 흡입해 마취 효과를 다시금 확인하자 아산화질소를 이용해 수술하면 통증을 꽤 줄일 수 있을 것이라고 확신했습니다.

1799년 데이비는 신체의 고통을 줄이는 효과가 있는 아산화질소를 외과 수술에 이용하자는 주장을 담아 논문을 발표했습니다. 그러나 안타깝게도 이 논문에 관심을 기울이는 사람은 거의 없었습니다. 1844년 미국의 호러스 웰스가 이 논문을 참고해 마취법을 연구하기까지 데이비의 주장은 주목받지 못한 채 65년의 세월을 보내야만 했습니다. 이후 아산화질소는 반세기 동안 유럽과 미국 등지에서 고통과 시름을 잠시 잊고 즐거움을 맛보기 위한 목적으로 마약처럼 사용되었습니다.

아산화질소 파티가 유행하던 19세기 미국 코네티컷의 치과 의사 웰스는 데이비의 논문을 보고 아산화질소를 이를 뽑을 때 마취제로 써보자고 마음먹었습니다.

TIP

아산화질소 파티를 즐긴 사람들

가끔씩 아산화질소를 마시던 데이비는 아는 사람들을 초대해 같이 이 기체를 마시기도 했습니다. 이때 초대받은 친구 중에는 철학자이자 시인인 새뮤얼 콜리지도 있었습니다. 아산화질소를 마시고 기분이 좋아지는 효과를 체험한 콜리지는 이 신비의 기체에 대한 글을 썼습니다. 글이 발표되자 아산화질소에 대한 소문은 더 크게 퍼져 나갔습니다. 1800년에 설립된 왕립연구소의 강사로 임명된 콜리지는 자신의 경험담을 나누고 청중도 아산화질소를 체험해 보게 하는 공연까지 열었습니다. 아산화질소의 효과를 경험한 사람이 늘자 아산화질소는 웃음을 일으키는 가스로 유명세를 탔고, 점차 아산화질소를 마시면서 떠들고 웃으며 노는 것이 유행하게 되었습니다.

그런데 기체를 마시고 흥분한 사람들이 자신을 통제하지 못하고 타인에게 해를 끼치는 사례가 늘면서 이를 막아야 한다는 비판적인 여론이 형성되었습니다. 이에 따라 아산화질소 파티는 점점 자취를 감추었습니다.

우리나라에서는 아산화질소를 미소를 짓게 하는 기체라는 뜻으로 '소기 가스'라 부르기도 했습니다.

치과에 내원한 환자들에게 아산화질소를 주입했더니 효과가 있었습니다. 그는 자신의 위대한 발견을 세상에 널리 알리려면 공개 실험을 해야겠다고 생각했습니다.

웰스는 예전에 자신의 조수로 일했던 어느 의사에게 계획을 이야기했습니다. 그 의사는 하버드대학교의 부속 병원인 매사추세츠 종합병원의 윌리엄 모턴이었습니다. 모턴은 병원의 외과 과장이자 당대 매우 유명한 의학자였던 존 워런에게 웰스의 계획을 설명했습니다. 워런은 아산화질소 마취제가 수술에 유용할 것이라는 이야기에 크게 귀를 기울이지는 않았지만, 그래도 혹시나 하는 마음으로 웰스에게 기회를 주기로 했습니다.

1845년 1월 20일, 웰스는 워런의 제자들 앞에서 환자에게 아산화질소를 흡입하게 한 다음 발치를 시작했습니다. 그러나 환자가 통증을 참지 못하고 비명을 지르는 바람에 공개 실험은 실패로 돌아갔습니다. 모턴은 슬그머니 도망가 버리고 웰스는 홀로 남아 비웃음을 받을 수밖에 없었습니다. 마취에 실패한 이유는 뒤늦게 밝혀졌습니다. 그때 사용한 아산화질소의 양이 너무 적었기 때문이었습니다.

에테르의 발견

　웰스의 공개 실험이 실패한 후 잠잠히 지내고 있던 모턴은 치과 운영을 그만두고 세일즈맨으로 살아가고 있던 웰스를 찾아가 왜 그날 마취가 잘 되지 않았는지에 대해 의견을 나누었습니다. 이때부터 모턴도 마취제 개발에 큰 관심을 가지게 되었습니다. 그는 마취 효과를 지닌 물질을 찾아내기 위해 여러 문헌을 읽었습니다. 제일 먼저 눈에 띈 물질은 에테르였습니다. 에테르는 수백 년 전인 1540년에 처음 발견된 물질이었습니다. 아산화질소를 마시는 파티가 유행했던 것처럼 에테르도 환각 상태를 즐기는 데 오랫동안 이용되고 있었습니다.

　모턴은 에테르를 마취제로 사용할 수 있을지 검증하기 위해 우선 개를 이용한 동물실험을 실시했습니다. 실험으로 효과가 확인되자 자신에게 직접 사용해 보기도 하고, 돈을 주고 지원자를 모집해 실험을 벌이기도 했습니다.

　1846년에 이르러 마침내 환자에게 에테르를 주입하고 통증 없이 이를 뽑는 데 성공하자 모턴은 보스턴에서 발행하는 신문에 자신이 새로운 마취제를 개발했다는 기사를 발표했습니다. 그런데 혹시라도 자신에게 닥칠지 모르는 비판을 막고자 무슨 물질을 마취제로 사용했는지는 밝히지 않았습니다. 모턴이 학술지 대신 신문을 이용한 것은 학계의 반론을 피하기 쉬운 데다 업적을 널리 과시하는 데도 유리했기 때문일 것으로 추측됩니다.

모턴은 매사추세츠 종합병원의 의사 헨리 비글로에게 이 마취제를 외과 수술에도 이용해 보라며 권했습니다. 이에 관심이 생긴 비글로는 워런을 설득해 다시 한번 공개 실험의 기회를 얻었습니다. 1846년 10월 16일에 행한 공개 실험에서 워런은 환자의 목 부위에 생긴 종양 조직을 에테르를 이용해 통증 없이 무사히 없앴습니다. 11월에는 비글로가 에테르 마취를 이용해 통증 없이 대퇴골 절단 수술을 하는 데 성공했습니다. 본격적으로 마취제가 무통 수술에 이용될 수 있는 길이 열린 것입니다. 비글로는 성공적인 수술 결과를 곧장 논문으로 발표했습니다. 이것이 정식 논문으로 발표된 세계 최초의 마취제입니다.

그런데 모턴보다 앞서 에테르를 이용한 마취에 성공한 의사가 있었습니다. 미국 조지아에서 의사로 일하던 크로퍼드 롱은 통증을 참지 못해 괴로워하는 환자들을 지켜보며 가슴 아파하던 중 우연히 에테르가 마취 효과를 지닌다는 사실을 알게 되었습니다. 에테르 파티에서 환각에 빠진 사람들이 상처를 입어도 통증을 느끼지 못하는 것을 목격한 것이 그 계기였습니다.

1842년 3월 롱은 환자의 목에 생긴 종양을 에테르를 이용해 통증 없이 제거했습니다. 그 후에도 어린아이의 다리를 절단하는 수술을 비롯한 여러 차례의 수술을 에테르를 활용해 성공적으로 마쳤습니다. 그러나 이 방법을 개선하거나 표준화하기 위해 큰 노력을 기울이지는 않았고, 훨씬 시간이 지난 1849년에야 수술 결과를 발표하는 바람에 최초의 마취제 개발자로 인정받지는 못했습니다.

산모의 고통을 덜어 준 마취제

마취학 역사에 꼭 기록되어야 할 또 다른 인물로는 제임스 심슨이 있습니다. 영국 에든버러대학교의 산부인과 의사였던 그는 에테르를 이용해 산모가 고통 없이 출산하게끔 하려 했으나 산모들이 자극적인 에테르 냄새를 기피하는 바람에 사용하기가 어려웠습니다. 이를 계기로 그는 마취제로서 성능이 더 뛰어난 물질을 찾아야겠다고 생각했습니다. 동료, 조수 들과 함께 수많은 기체를 수집하고 직접 흡입하기도 하면서 마취 효과를 지닌 물질을 연구했습니다. 그러다가 1846년 11월의 어느 날, 1831년에 처음 발견된 물질인 클로로포름의 냄새를 맡고 난 직후 서서히 기분이 몽롱해지면서 기대했던 마취 효과를 체험할 수 있었습니다. 심슨은 클로로포름을 여러 가지 방법으로 시험했습니다. 손수건에 클로로포름을 적신 다음 얼굴에 덮어서 마취를 하는 방법으로 4세 어린이의 팔을 통증 없이 절단하기도 하고, 산모의 무통 분만에도 이용해 좋은 결과를 거두었습니다. 그는 클로로포름을 이용한 마취법을 개발한 공로를 인정받아 의학계 인물로는 최초로 영국 기사 작위까지 받았습니다. 이후 마취법 외에도 한센병에 관심을 두고 많은 연구를 진행하고 지혈용 기구를 개발하는 업적도 남겼습니다.

그러나 문제가 있었습니다. 클로로포름으로 마취한 환자들 중 예기치 못한 사망자가 여럿 나온 것입니다. 1848년 1월 엄지발톱 수술을 받으려던 어느 15세 소녀는 마취제를 투여받자마자 심장이 멈추어 버렸습니다. 동물실험에서는 동물이 집단으로 생명을 잃는 일이 생기기도 했습니다. 부작용의 정확한 원인은 그로부터 반세기 이상이 지난 후에야 밝혀졌습니다. 클로로포름은 빠른 시간 내에 많은 양을 사용하면 환자를 사망하게 할 정도로 위험합니다. 그러나 당시

19세기 영국의 빅토리아 여왕은 클로로포름 마취를
통해 통증 없이 아들을 출산했습니다.

는 위험성이 널리 알려지지 않았기 때문에 사망자가 생기는
가운데서도 클로로포름을 이용한 마취법이 널리 퍼져 나갔
습니다.

　1853년 영국의 의사 존 스노는 빅토리아 여왕이 레오폴드
왕자를 출산할 때 무통 분만을 위해 일정한 간격을 두고 클
로로포름 냄새를 조금씩 맡게 했습니다. 여왕이 첫 진통을
느낄 때 마취제를 투여한 다음 통증이 올 때마다 소량을 반

복 주입한 것입니다. 통증 없는 분만에 만족한 빅토리아 여왕은 베아트리스 공주를 낳을 때도 클로로포름을 이용해 무사히 분만을 마쳤습니다.

최초의 국소마취제, 코카인

앞서 소개한 아산화질소, 에테르, 클로로포름은 모두 전신마취에 사용한 물질입니다. 전신마취는 환자가 의식을 완전히 잃게 해 통증을 전혀 느끼지 못하게 하는 장점이 있지만 많은 양을 사용해야 하므로 부작용이 생길 위험성 또한 높습니다. 큰 수술이 아니라면 인체에 미치는 해를 조금이라도 줄이기 위해 몸의 일부만 마취하는 편이 낫습니다.

아산화질소, 에테르, 클로로포름은 모두 1840년대부터 마취제로 이용되었는데 국소마취제는 40년이 지난 1880년대에야 처음 등장합니다. 가장 먼저 사용된 물질은 놀랍게도 오늘날 마약으로 분류되는 코카인입니다.

코카인은 아메리카 대륙에서 자라는 코카라는 식물에 포함되어 있는 물질입니다. 원주민들은 오래전부터 기분을 좋게 하는 코카잎의 효과를 알고 있었던 것 같습니다. 남아메

코카인은 아메리카 대륙에서 자라는 코카라는 식물에 포함되어 있는 물질입니다.

리카 페루의 몇몇 미라는 코카잎과 함께 발견되었습니다. 1569년 스페인의 의사이자 식물학자인 니콜라스 모나르데스는 "원주민들이 담배와 코카잎을 씹으며 큰 만족감을 느낀다"라고 저서에 기록했습니다.

17세기 초에 아메리카 대륙으로 간 유럽인들은 코카잎을 의학적으로 사용할 수 있지 않을까 생각했습니다. 그때는 물질을 화학적으로 분리하는 일이 점차 가능해지던 시기였습니다. 과학자들은 자연물에서 순수한 물질을 분리해 어떤

고통 없이 수술할 수 있을까?

효과를 지니는지 연구했습니다. 1855년에 독일 화학자 프리드리히 개드케는 코카잎에서 코카인 알칼로이드라는 성분을 분리했습니다. 이후 남아메리카로 파견된 프리드리히 뵐러와 카를 세르처는 1859년에 다량의 코카잎을 유럽으로 가져왔습니다. 1860년 뵐러의 제자 알베르트 니만은 이 코카잎에서 새로운 물질을 분리해 코카인이라는 이름을 붙였습니다.

안과 의사인 카를 콜러는 눈 수술을 할 때 코카인으로 국소마취를 시도했습니다. 수술을 성공적으로 마친 그는 1884년 독일 하이델베르크에서 개최된 학회에서 코카인의 마취 효과에 대해 발표했습니다. 국소마취제로서 코카인의 효과가 처음 세상에 소개되는 순간이었습니다. 많은 의사가 환자의 정신이 멀쩡한 상태로 통증 없이 수술을 할 수 있다는 소식에 주목했습니다. 19세기 말에는 코카인을 국소마취제로 이용하는 수술이 유행처럼 번져 갔습니다. 코카인은 1884년부터 호흡계의 마취, 그다음 해에는 신경 마취와 뇌 마취에 이용되었고 몇 년 뒤인 1898년에는 척추 마취에도 이용되었습니다.

신경 마취를 처음 시도한 이는 미국의 윌리엄 할스테드입니다. 그는 영국에서 개발된 무균 수술법을 미국에 적극적으로 도입한 의사였습니다. 1885년 그는 코카인을 이용한 신경 마취에 처음 성공하며 국소마취제를 이용한 수술법을 발전시켰습니다. 유방절제술을 비롯한 새로운 수술법을 시도한 인물이기도 합니다. 불행하게도 코카인 중독으로 행복하지 못한 말년을 보냈습니다.

코카인은 중독성과 부작용이 심해서 지금은 국소마취에 이용하지 않을 뿐만 아니라, 마약으로 분류되어 많은 나라에서 사용을 금지하고 있습니다. 대신 부작용이 적은 다양한 유도체들이 개발되어 널리 이용되고 있습니다.

20세기 중반을 지나면서 프로카인, 클로로프로카인 등에 이어 리도카인이 개발되었습니다. 리도카인은 오늘날 가장 널리 이용되는 국소마취제입니다. 이 밖에도 메피바카인, 프릴로카인, 부피바카인, 에티도카인 등의 국소마취제가 인류를 고통에서 해방시켜 주고 있습니다.

수혈

뇌를

공급할 수 있을까?

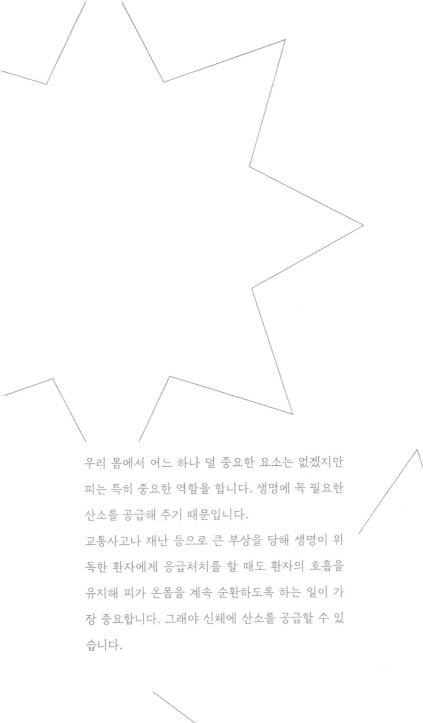

우리 몸에서 어느 하나 덜 중요한 요소는 없겠지만 피는 특히 중요한 역할을 합니다. 생명에 꼭 필요한 산소를 공급해 주기 때문입니다.

교통사고나 재난 등으로 큰 부상을 당해 생명이 위독한 환자에게 응급처치를 할 때도 환자의 호흡을 유지해 피가 온몸을 계속 순환하도록 하는 일이 가장 중요합니다. 그래야 신체에 산소를 공급할 수 있습니다.

혈액순환의 원리를 밝혀낸 사람

"피는 혈관을 따라 이동하면서 몸속을 순환한다."

지금 생각해 보면 당연하게 여겨지는 이 이야기는 17세기에 이르러서야 밝혀진 사실입니다. 그렇다면 이전에는 피가 어디로 간다고 생각했을까요?

과거 의사들은 피가 사람이 섭취한 음식물을 재료로 간에서 만들어져서 심장을 통해 온몸으로 퍼져 나간 다음 몸속으로 '흡수'된다고 믿었습니다. 영국의 윌리엄 하비는 이러한 믿음에 반박하며 피가 몸속을 순환하고 있다는 사실을 처음 증명한 사람입니다.

하비는 영국의 케임브리지 대학교를 졸업하고 당시 의학의 중심지인 이탈리아 파두아대학교에서 유학했습니다. 유학에서 돌아온 뒤에는 케임브리지 대학교에서 해부학과 생리학을 가르치며 연구를 계속했습니다.

하비가 보기에 심장에서 하루 종일 뿜어져 나오는 피의 양이 음식으로만 만들어진다는 것은 이치에 맞지 않았습니다. 그는 피가 끊임없이 몸속을 돌고 도는 것은 아닐지 의문을 품었고, 이 의문을 풀기 위해 인체 해부부터 시작했습니다.

피의 양

인체에 들어 있는 피의 양은 체중의 8퍼센트 정도입니다. 사람마다 피의 양도 다른 것이지요. 성인 기준으로 평균 4~6리터의 피를 지니고 있다고 이야기합니다.

사람들의 평균 체격이 과거보다 커지고 있어서 헌혈 때 뽑아내는 피의 양도 많아지는 추세입니다. 과거에는 성인 남성 기준으로 320밀리리터였으나 지금은 여성에게서 320밀리리터를 뽑습니다. 체격이 큰 남성은 400밀리리터를 뽑는 경우가 많습니다.

그때까지 진리로 받아들여지고 있던 갈레노스의 책에서는 심장에 심실로 통하는 작은 구멍이 있다고 기술되어 있었으나, 하비는 그런 구멍을 발견할 수 없었습니다. 또한 뱀의 혈관을 묶는 실험을 해보니 대동맥을 묶으면 심장에 피가 모이지만 대정맥을 묶으면 심장이 텅 비는 현상이 나타났습니다. 따라서 심장의 피는 대동맥을 통해 밖으로 나갔다가 대정맥을 통해 들어온다는 결론을 얻을 수 있었습니다. 하비는 이 실험을 근거로 피가 순환한다는 결론을 내렸습니다. 오늘날 헌혈이나 검사를 위해 피를 뽑을 때 팔뚝을 고무로 묶는 것은 동맥의 피가 정맥으로 흘러가는 원리를 이용한 것입니다. 피가 흐르는 것을 막아 정맥이 부풀어 오르면

윌리엄 하비가 피가 순환하는 원리를 학생들에게 강연하는 모습을 묘사한 삽화입니다. 그는 피가 온몸을 돈다는 사실을 최초로 밝혀낸 인물로 '생리학의 아버지'라는 별명을 얻었습니다.

피를 뽑기 쉬워집니다. 이 사실은 17세기 하비도 알고 있었습니다.

사실 하비보다 앞서 갈레노스의 이론에 반박한 학자들이 있습니다. 16세기 이탈리아의 히에로니무스 파브리치우스는 정맥판을 발견하고 "심장을 향해 흘러가는 정맥의 피가 반대로 거슬러 흐르지 않도록 몸속 곳곳에 마개 역할을 하는 작은 구조물이 있다"라고 주장했습니다. 1553년 스페인의 미카엘 세르베투스는 심장에 대한 갈레노스의 이론이 틀렸다고 지적했습니다. 하지만 이러한 주장들은 당시에 전혀 받아들여지지 않았습니다. 세르베투스는 삼위일체 이론을 부정했다가 이단자로 몰려 화형을 당했습니다. 그로부터 오랜 시간이 지나 혈액순환의 원리를 과학적 연구 방법으로 증명한 하비가 등장한 것입니다.

하비는 1628년 《심장과 혈액의 운동에 관하여》라는 책에서 형태학적, 수학적, 실험적 근거를 토대로 피가 순환하는 원리를 분명하게 밝혔을 뿐만 아니라 생리학 연구에서 과학적 실험의 중요성을 잘 보여 주었습니다. 하비는 '생리학의 아버지'라는 별명으로 후세에 길이 이름을 남겼습니다.

피와 혈관의 역할

피는 온몸을 돌아다니며 어떤 일을 할까요? 우선 생명 활동에 필요한 다양한 성분을 운반합니다. 세포와 조직에 산소를 공급하는 것도, 음식을 소화해서 얻는 영양소를 우리 몸 구석구석으로 운반하는 것도 피가 하는 일입니다. 내분

비샘에서 생산되는 호르몬도 피를 통해 표적기관으로 전달됩니다. 몸에서 필요 없는 성분을 배출하는 일도 피가 담당합니다. 몸속 노폐물은 콩팥의 혈관을 통해 걸러져서 소변으로 빠져나옵니다.

피에 들어 있는 물질은 크게 세포와 세포가 아닌 것으로 구분할 수 있습니다. 핏속에 들어 있는 세포를 통틀어 혈구라 부릅니다. 적혈구, 백혈구, 혈소판 등 3가지 종류의 세포가 혈구에 해당됩니다. 혈구는 피 전체의 약 45퍼센트 정도를 차지하고, 혈장은 약 55퍼센트를 차지합니다.

피에서 세포 성분을 제외한 나머지를 혈장이라 합니다. 혈장은 노란색을 띠는데, 피를 빨간색으로 보이게 하는 적혈구가 없기 때문입니다. 혈장에는 다양한 기능을 하는 수많은 물질이 녹아 있습니다. 이 성분들과 세 혈구가 하는 일이 바로 피의 기능이 됩니다. 마지막으로 혈청은 혈장에서 섬유소원을 비롯한 혈액응고 인자를 제거한 나머지 성분을 가리킵니다.

핏속 적혈구는 산소를 헤모글로빈과 결합해 운반합니다. 철, 구리, 레티놀과 같은 물질은 이들 각각의 물질과 결합하는 단백질을 통해 운반됩니다. 이 단백질은 물질을 빠르고 효율적으로 나르는 데 도움을 줍니다.

피의 밀도는 평균적으로 물보다 높습니다. 물에 들어 있지 않은 성분이 핏속에는 들어 있기 때문입니다. '피는 물보다 진하다'는 속담은 과학적으로도 사실인 셈입니다.

피는 체온을 유지하는 데도 도움을 줍니다. 추울 때 운동을 하면 근육이 수축해서 열이 발생하므로 가만히 있는 것보다 추위를 이겨 내기가 쉬워집니다. 이때 열은 피에 흡수되어 몸에서 열을 필요로 하는 조직으로 재분배됩니다. 피는 뇌를 비롯해 온도에 민감한 기관에 우선적으로 흘러갑니다. 체온이 낮아질 때 소름이 돋는 것은 피부 표면을 통해 방출되는 열을 최소화하기 위해 혈관이 수축함으로써 발생하는 현상입니다. 반대로 체온이 너무 높아지면 피부 표면 방향으로 피가 이동해 몸 밖으로 열을 뿜어냅니다.

우리 몸에는 얼마나 많은 혈관이 있을까요? 요리를 하다 실수로 손가락 끝이 칼에 살짝 베이면 피가 흘러나오는 것을 발견할 수 있습니다. 이 피는 눈에 보이지 않을 만큼 작은 모세혈관을 통해 흘러나온 것입니다. 사람의 말초 부위에는 매우 미세한 혈관들이 존재합니다. 몸속 혈관은 10만 킬로미터에 이를 정도로 긴 것으로 추정됩니다. 지구를 한 바퀴 도는 것이 약 4만 킬로미터이므로 지구를 두 바퀴 반이나 돌 수 있는 셈입니다.

수혈을 시도한 의사들

오늘날 한 사람의 피를 다른 사람에게로 옮기는 수혈이 가능해진 것은 혈액형에 따른 피의 분류가 가능해졌기 때문입니다. 만약 자신의 혈액형과 맞지 않는 피로 수혈을 받으면 심각한 부작용이 생기며 사망까지 이를 수 있습니다. 오늘날 널리 쓰이는 ABO식 혈액형이 발견된 것은 20세기가 시작된 후의 일이니 이런 개념이 없던 시절에 수혈을 한다는 것은 매우 위험한 행위였습니다. 그럼에도 호기심으로 무장한 몇몇 의사는 과감하게 수혈을 시도하곤 했습니다.

처음에는 동물을 대상으로 여러 실험이 이루어졌습니다. 1657년에 영국의 크리스토퍼 렌은 개의 정맥에 다른 동물의 피를 비롯해 맥주, 오줌, 침, 약물 등의 다양한 액체를 주입해 보고 어떤 결과가 일어나는지 관찰했습니다. 1665년에 영국의 리처드 로워는 개에서 피를 빼내 다른 개로 옮기는 실험을 했습니다.

1667년에는 프랑스의 장바티스트 드니가 송아지의 피를 고열에 시달리던 한 소년에게 수혈했는데 다행히 소년은 죽지 않았습니다. 수개월 후 그는 양의 피를 사람에게 수혈했는데 이번에는 수혈을 받은 사람이 부작용에 시달리다가 사망했습니다. 수혈로 죽는 환자가 많아지자 프랑스 정부는 공식적으로 수혈을 금지했습니다. 이후 수혈은 유럽에서 150년 동안 금기시되었습니다.

1세기 반이 지난 1818년 영국의 제임스 블런델은 출산 후 출혈로 위독한 산모를 살리기 위해 주사기로 빼낸 사람의 피를 산모에게 주입했으나 생명을 살리는 데는 실패했습니다. 다른 사람들의 실험을 면밀히 검토한 그는 수혈이 성공하기 위해서는 빼낸 피를 최대한 빨리 옮기는 것이 가장 중요하다고 생각했습니다. 1829년에는 어느 여성에게 남편의 피를 수혈해 목숨을 구하는 데 성공했습니다. 이를 통해 그는 역사상 최초로 수혈에 성공한 의사로 기록되었습니다. 이후 블런델은 사람에게 10회 이상 수혈을 시도해 5회 이상 성공했습니다.

그러나 그때까지 수혈은 결과를 정확히 예측할 수 없는 미지의 영역이었습니다. 당시 의사들은 부작용이 나타나지 않은 수혈이 환자의 혈액형과 맞는 피를 사용한 경우였다는 사실을 알지 못했습니다.

혈액형을 발견한 란트슈타이너

혈액형은 20세기에 들어서 오스트리아의 카를 란트슈타이너가 발견했습니다. 1900년 란트슈타이너는 정상적인 사람의 피를 다른 사람의 피에 첨가하는 경우 혈구가 서로 엉켜서 작은 덩어리가 생기는 것을 처음 발견했습니다. 그보다 앞선 1875년에는 헤르만 란도이스가 동물의 혈액을 수혈한 사람의 혈관 안에서 동물의 혈구가 엉켜 파괴되는 현상을 관찰한 적이 있었습니다.

란트슈타이너는 수혈 때 생기는 황달, 혈색소뇨증 등의 치명적인 부작용이 혈구의 응집과 파괴 때문에 나타나는 현상이라는 생각을 품고 피가 엉키는 이유를 제대로 알아내기 위한 연구에 착수했습니다. 마침내 이듬해에 혈액의 응집성에 따라 사람의 피를 A형, B형, C형(나중에 O형으로 이름을 바꾸었다)이라는 3가지로 분류할 수 있다고 발표했습니다. 그로부터 1년 후 다른 연구자들이 AB형을 추가로 발견하면서 4가지 종류의 혈액형이 확립되었습니다.

1910년에는 혈액형이 유전된다는 사실이 밝혀졌습니다. 이를 계기로 피와 체질의 관계, 인종 간의 차이 등 피에 대한 다양한 방향의 연구가 이루어졌습니다. 점차 혈액형은

란트슈타이너는 혈액형을 발견해 수많은 인류의 생명을 구했습니다. 란트슈타이너의 고국인 오스트리아에서는 그 업적을 기려 1997년부터 1000실링 지폐에 그의 얼굴을 실었습니다.

수혈 요법은 물론 혈액의 분리, 친인자 확인 등의 분야에 널리 이용되기 시작했습니다.

혈액형은 왜 여러 가지가 있는 것일까요? 앞서 설명한 것처럼 핏속에는 적혈구, 백혈구, 혈소판이라는 세 종류의 세포가 있습니다. 혈액형은 적혈구 표면에 어떤 항원이 있는지를 기준으로 혈액을 분류한 결과입니다.

ABO식 혈액형은 A 또는 B 항원이 있는지 아닌지에 따라 구분하는 것으로 2가지를 모두 가지면 AB형, 둘 다 없으면 O형, 한 개만 가진 경우는 A형 또는 B형으로 구분합니다. 항원은 이물질이 몸에 침입했을 때 면역 반응을 일으키는 항체를 만들어 내는 물질입니다. 따라서 자신에게 없는 항원을

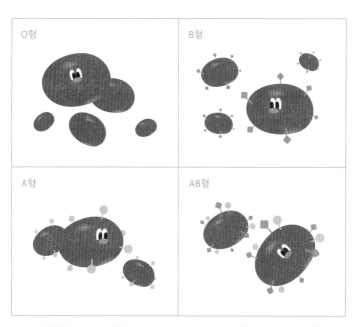

| O형 | B형 |
| A형 | AB형 |

ABO식 혈액형은 A 또는 B 항원이 있는지 없는지에 따라 혈액을 분류한 것으로 총 4가지로 나뉩니다.

지닌 피를 받으면 면역 반응이 일어나 피가 엉키게 됩니다. 예를 들어 A 항원만 있는 피는 B 항원을 이물질로 인식해 침전물을 만들게 됩니다. 그래서 AB형인 사람은 아무 피나 받아들일 수 있지만 O형인 사람은 O형 외에 다른 피를 받아들일 수 없습니다.

란트슈타이너가 ABO식 혈액형의 체계를 세우면서 비로소 안전한 수혈이 가능해졌습니다. 그는 수많은 사람의 생명을 구해 낸 업적으로 1930년 노벨생리의학상을 받았습니다. 1940년에는 혈액 분류의 또 다른 기준이 되는 Rh인자를 발견하고, 혈액 내의 면역 반응과 면역 인자들의 화학적 연구를 통해 의학의 발전을 이루는 데 공헌했습니다.

적혈구에서 항원 역할을 하는 것은 A, B 항원 말고도 50가지 이상이 있습니다. 따라서 혈액의 종류는 50가지 넘게 구분할 수 있습니다. 실제로 혈액형 구분을 위해 의학에서 사용하는 방법만 해도 30가지가 넘습니다. Rh-와 Rh+로 구분하는 Rh식, MNSs식, P식, 루테란식, 디에고식 혈액형 등 여러 종류의 구분법이 있습니다.

가끔 미디어를 통해 Rh-형 피를 구한다는 광고를 볼 수 있습니다. Rh-형 피를 가진 사람이 아주 적기 때문에 대대적인 광고를 통해 적합한 헌혈자를 찾는 것입니다. Rh-형 피를 가진 사람은 서양에서는 15퍼센트, 동양에서는 0.5퍼센트 정도밖에 되지 않습니다. 오래전에는 주한 외국인이 Rh-형 피를 공여해서 응급환자의 목숨을 구했다는 소식이 전해지기도 했습니다.

수혈에 필수적인 항응고제

혈관에 상처가 나면 피가 흘러나가게 됩니다. 몸속의 피가 다 빠져나가면 생명에 위험하므로 우리 몸은 자연적으로 상처가 난 부분을 메꿉니다. 피는 몸 밖으로 흘러나가면 굳는 것이 정상이며 이 현상을 '혈액응고'라 합니다. 피가 몸 밖으로 나오면 굳는다는 사실은 수백 년 전 사람들도 알고 있었습니다. 과거 수혈을 시도한 학자들은 피의 응고를 막기 위해 최대한 빨리 환자에게 기구를 연결했습니다.

20세기에 들어 수혈 성공률이 획기적으로 높아지고 오늘날 큰 병원에서 거의 매일 수혈이 이루어질 수 있게 된 것은 혈액형의 발견과 더불어 피가 굳는 것을 막는 항응고제가 만들어졌기 때문입니다.

최초의 항응고제는 헤파린이라는 물질입니다. 1916년에 미국 존스홉킨스 대학교의 학생이던 제이 매클레인은 생리학 교수 윌리엄 하월의 지도를 받아 세팔린이라는 물질로 실험을 진행했습니다. 그러던 중 우연히 개의 간에서 분리한 쿠오린과 헤파르포스파타이드가 심한 출혈을 일으키는 현상을 발견했습니다. 제자의 실험을 지켜본 하월은 간에서 혈액응고를 막는 물질을 추출할 수 있겠다는 생각을 하게

수혈과 건강검진 등에 필요한 혈액의 보관은 모두 항응고제가 있기에 가능한 일입니다.

되었고, 제자와 함께 연구한 끝에 피가 굳는 것을 막는 물질을 발견했습니다. 하월은 이들 물질이 모두 간에서 나왔으므로 라틴어로 간을 뜻하는 'hepa'와 세팔린, 쿠오린의 어미에 해당하는 '-in'을 합쳐서 헤파린^{heparin}이라 이름을 붙였습니다. 헤파린은 1939년부터 대량으로 생산되어 수혈과 혈전(피가 굳은 덩어리) 제거에 널리 사용되었습니다.

1939년에 칼 링크는 곰팡이나 식물에 들어 있는 다이큐마롤이 비타민 K의 기능을 방해한다는 것을 발견했습니다. 비타민 K는 혈관 밖으로 흘러나온 피를 굳게 하는 역할을 하는데, 그 기능을 억제하므로 혈액응고를 막게 됩니다. 항응고제 쿠마린은 다이큐마롤에서 항응고에 관여하지 않는 일부 물질을 제거해 만듭니다.

현재는 지금까지 소개한 물질 외에도 많은 항응고제가 개발되었습니다. 오늘날 헌혈한 피를 팩에 보관할 수 있는 것도, 건강검진에서 피를 뽑아 작은 시험관에 보관할 수 있는 것도 모두 항응고제가 있어서 가능한 일입니다.

혈우병을 치료하기 위해

피가 응고되는 기전에는 10가지가 넘는 인자들이 관여하고 있습니다. 이들 중 어느 한 가지라도 부족하거나 없으면 응고가 제대로 이루어지지 않습니다. 혈우병은 응고에 관여하는 인자가 부족해 피가 계속해서 흘러나오는 장애를 겪는 병입니다.

고대 바빌로니아의 기록에는 "첫 아기에게 할례를 시행했을 때 죽고, 둘째 아기도 할례 후 죽는다면 셋째도 틀림없이 죽는다"라는 구절이 있습니다. 아기들이 할례 후 출혈이 멈추지 않아 죽은 것이라면 이 기록을 혈우병에 대한 소견으로 추측해 볼 수 있습니다.

과학적으로 혈우병을 처음 규명했다고 생각되는 사람은 10세기에 중동 지방에서 활약한 아부 알카심입니다. 그는 외과 수술용 기구를 개발하고, 피가 흐르는 부위를 불로 지져 피를 멈추게 하는 방법을 고안했으며 방대한 의학 백과사전을 집필했습니다. 그는 이 저서에 작은 상처를 입었으나 출혈이 심해 죽은 가족에 대한 기록을 남겨 놓았는데, 여기에서 묘사하는 병은 아마도 혈우병일 것이라 추정됩니다.

12세기에 유대인 철학자이자 의학자인 모세 마이모니데스는 어느 여성이 두 남편과 낳은 모든 아들에게서 피가 응고되지 않는 질환을 발견하고 혈우병이 유전된다는 사실을 지적하기도 했습니다.

혈우병에 대해 확실히 정의한 최초의 인물은 19세기 미국 필라델피아에서 의사로 일하던 존 오토입니다. 그는 출혈 증상이 심한 세 가족을 관찰한 끝에 1803년 이 질병이 여성으로부터 남성에게 전해진다는 사실을 밝혔습니다. 혈우병은 여성이 가진 X염색체를 통해 유전되는 질병 중 색맹에 이어 두 번째로 발견된 병이기도 합니다.

혈액응고 인자들은 대부분 단백질로 이루어져 있습니다. 좀 더 자세히 설명하자면, 각 단백질을 합성할 수 있는 정보가 있는 유전자를 통해 만들어집니다. 혈우병은 단백질이 어느 한 가지라도 만들어지지 않게 되면 발생하는 병으로, 흔히 8번, 9번 인자가 부족한 경우에 나타납니다. 혈우병 전체의 약 80퍼센트가 8번 인자 결핍에 의한 것이고, 9번 인자의 결핍증은 약 15퍼센트를 차지합니다. 8번과 9번 인자를 합성할 수 있는 정보는 X염색체에 들어 있으며 열성으로 유전됩니다. 그래서 여성이 혈우병에 걸릴 확률은 낮습니다. 여성에게서는 8번, 9번 인자의 결핍증이 나타나지 않습니다.

여성이 혈우병에 걸릴 확률

현재 밝혀진 혈우병은 크게 3가지 종류가 있습니다. A형 혈우병은 8번 인자가 결핍되어 발생하고, B형 혈우병은 9번 인자가 결핍되어 발생합니다. B형 혈우병은 최초의 환자 이름이 스테판 크리스마스여서 크리스마스병이라고도 합니다. 9번 인자는 크리스마스 인자라고도 부릅니다. 두 혈우병은 여성에게는 생기지 않습니다.

그런데 C형 혈우병은 11번 인자가 부족한 경우로, 여성에게도 생길 수 있습니다. C형 혈우병은 미국에 거주하는 유대인 가족에게서 처음 발견되었습니다. 이 가족의 자매는 이를 뽑거나 편도선을 자르는 수술을 한 후 피가 멈추지 않아 고생했습니다.

혈우병은 몸에 혈액응고 인자가 어느 정도 부족한지에 따라 그 증상이 약하거나 심하게 나타날 수 있습니다. 그렇다면 혈우병은 어떻게 치료해야 할까요? 사람은 언제든 크고 작은 부상을 입을 수 있기에 평생 피를 흘리지 않고 살기란 불가능합니다. 흔히 쓰는 방법은 환자에게 부족한 혈액응고 인자가 들어 있는 혈장을 수혈하는 것입니다.

오늘날 혈우병은 불편하기는 해도 그리 위험한 질병은 아닙니다. 혈우병 환자를 위한 여러 종류의 약제가 개발되어 있기 때문입니다. 최근에는 환자에게 부족한 단백질을 지속적으로 합성할 수 있게 하는 유전자 치료법도 시험 단계에 있습니다. 가까운 미래에는 유전자 치료법이 등장해 혈우병으로 고생하는 환자가 사라질지도 모르겠습니다.

생명을 살리는 헌혈

현대 의학은 많은 발전을 이루어 냈지만 아직까지 인공 혈액을 대량으로 만들어 낼 수는 없습니다. 오늘날에도 헌혈로 기부한 피는 죽어 가는 사람의 목숨을 살리는 데 큰 역할을 합니다.

건강한 사람이라면 두 달마다 한 번씩 헌혈이 가능합니다. 왜 두 달의 간격을 두는 걸까요? 핏속 적혈구의 수명은 약 120일입니다. 헌혈로 피를 빼낼 경우, 빠져나온 적혈구의 절반은 확률적으로 60일 이내에 파괴되고 나머지 반은 60일 이상 생존한다고 추정할 수 있습니다. 그렇다면 단순히 생각했을 때 헌혈 후 두 달이 지나면 몸 밖으로 빠져나간 적혈구의 반만 회복될 뿐 나머지 반은 손실되어야 합니다. 그런데도 두 달 만에 다시 헌혈을 할 수 있는 것은 우리 몸의 조절 능력 때문입니다. 사람의 몸에서 피가 부족해지면 자동적으로 보상 기전이 발동되어 피를 생산하는 능력이 커집니다. 헌혈 후에는 몸의 변화에 맞춰 회복 속도가 빨라져 두 달 만에 다시 헌혈을 해도 아무 문제가 없는 것입니다.

백신

결정적 질문 ⑤

감염병에

막을 수 있을까?

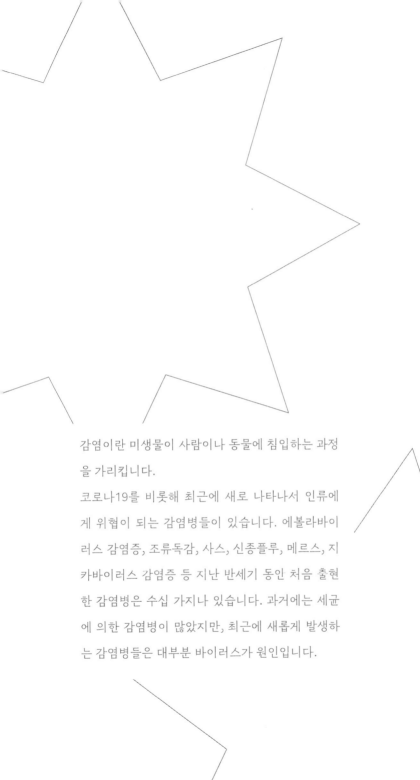

감염이란 미생물이 사람이나 동물에 침입하는 과정을 가리킵니다.

코로나19를 비롯해 최근에 새로 나타나서 인류에게 위협이 되는 감염병들이 있습니다. 에볼라바이러스 감염증, 조류독감, 사스, 신종플루, 메르스, 지카바이러스 감염증 등 지난 반세기 동안 처음 출현한 감염병은 수십 가지나 있습니다. 과거에는 세균에 의한 감염병이 많았지만, 최근에 새롭게 발생하는 감염병들은 대부분 바이러스가 원인입니다.

감염병의 원인, 미생물

지구는 46억 년 전에 탄생했고, 약 35억 년이 지난 후 최초의 생명체가 지구상에 생겨났습니다. 가장 먼저 생겨난 생명체는 온천이나 화산처럼 뜨거운 물에서 살아 간 고세균입니다. 그로부터 세월이 흐르면서 여러 미생물이 생겨났습니다. 미생물은 맨눈으로 보이지 않는 아주 작은 크기의 생물을 총칭하는데 세균, 효모, 곰팡이, 넓게는 바이러스까지 포함합니다. 지구상에는 세균이 먼저 생겨났고 바이러스는 나중에 생겨난 것으로 추정됩니다. 진핵생물(세포에 막으로 싸인 핵을 지닌 생물. 세균과 바이러스를 제외한 모든 생물이 여기에 속한다)은 이들보다 훨씬 뒤에 생겨났습니다.

미생물은 사람보다 훨씬 오랫동안 자연의 일부분으로 존재해 왔습니다. 단세포(하나의 세포로만 이루어진 생물)인 미생물은 자신보다 조금이라도 더 큰 세포를 발견하면 그 세포 속으로 들어가서 번식하려는 성질이 있습니다. 이런 미생물이 인체에 들어오면 대부분은 별다른 증상을 일으키지 않습니다. 그런데 어쩌다 해로운 미생물에 감염되어 발생하는 병을 감염병이라 합니다. 사람에게서 발생하는 감염병 대부분은 다른 동물에게도 감염을 일으키는 미생물 때문에 생깁니다. 사람과 동물에게 공통으로 발생한다는 뜻에서 '인수 공통감염병'이라 합니다.

미생물을 관찰할 수 있게 해주는 현미경은 17세기부터 여러 과학자가 사용했습니다. 이탈리아의 마르첼로 말피기는 직접 만든 현미경으로 곤충의 배설기관, 콩팥 조직의 작은 구조물, 모세혈관을 발견했습니다. 영국의 로버트 훅은 현미경으로 코르크 마개를 관찰하다 둥근 모양의 방을 발견하고 여기에 처음으로 세포^{cell}라는 이름을 붙였습니다.

네덜란드의 안톤 판 레이우엔훅도 많은 연구 결과를 남겼습니다. 렌즈를 이용해 여러 기구를 만들던 그는 두 개의 렌즈로 복합현미경을 제작하고 이 현미경으로 빗물, 침, 흙 등 다양한 물체를 관찰해 그림으로 남겼습니다. 그중에는 세균도 포함되어 있습니다. 아마도 그가 세균을 가장 처음 본 사람일 것입니다.

19세기가 되자 독일에서 현미경을 이용한 발견이 많이 이루어졌습니다. 1838년에는 마티아스 슐라이덴이 식물이 세포로 되어 있음을 발견하고, 이듬해에는 테어도어 슈반이 동물도 세포로 이루어져 있음을 알아냈습니다. 1858년에는 앞서 소개한 루돌프 피르호가 세포의 이상 때문에 질병이 생기므로 세포를 관찰함으로써 병을 진단할 수 있다고 주장했습니다.

19세기 제1차 세계대전에서 독일의 군의관으로 활동하기도 한 세균학자 로베르트 코흐는 첫사랑 연인을 아내로 맞이하고 조용한 마을에서 의원을 운영하며 살았습니다. 아내는 그에게 새로 나온 현미경을 선물했는데 이 현미경이 의학 역사상 매우 중요한 발견의 도구가 됩니다. 코흐는 현미경으로 감염병의 원인이 되는 세균 3가지를 발견해 수많은 사람의 목숨을 구하는 길을 마련했습니다. 1876년에 탄저균, 1882년에 결핵균, 1883년에 콜레라균을 발견한 것입니다.

현미경으로만 겨우 볼 수 있는 작은 세균들이 사람을 죽음으로 몰아넣을 만큼 큰 위력을 지닌다는 사실은 당시로서는 믿기 어려운 일이었습니다. 세균을 분리한 코흐는 그 세균이 잘 자랄 수 있는 배지(식물, 세균, 세포 등을 기르는 데 필요한 영양소가 들어 있는 액체 또는 겔)를 알아내고자 했습니다. 세균은 종류에 따라 좋아하는 먹이가 다르므로 배지에 포함된 영양소를 바꾸어 가면서 각 세균이 잘 자라는 조건을 연구했습니다. 세균은 증식 속도가 아주 빠르므로 적절한 배지만 있으면 하룻밤 사이에 거의 무한대로 세균을 키울 수 있습니다. 이후 그는 액체 배지 위에 포함된 세균을 분리하기 위해 배양한 배지를 여과지로 걸렀습니다. 여과지에는 눈에

코흐는 감염병의 원인이 되는 3가지 종류의 세균을 처음
발견하고, 특정 감염병의 원인이 되는 세균을 발견하기
위한 실험의 4원칙을 세웠습니다.

보이지 않을 만큼 작은 구멍이 뚫려 있지만 세균은 이 구멍
보다 커서 여과지를 통과할 수 없습니다. 따라서 세균이 자
란 배지를 부으면 세균만 여과지 위에 남고 나머지 배지는
여과지를 통과해 지나갑니다.

코흐는 특정 세균이 감염병의 원인이 된다는 사실을 증명
하면서 이 과정에 꼭 필요한 실험들을 4가지로 정리했습니

다. **코흐의 4원칙**은 다른 학자들의 세균 발견에도 널리 이용되었습니다. 세균을 연구하는 방법을 확립한 코흐는 '세균학의 아버지'라는 별명을 얻게 되었고, 결핵균을 비롯한 여러 세균을 발견한 공로를 인정받아 1905년에 노벨생리의학상을 수상했습니다.

가장 먼저 발견된 바이러스

바이러스는 동물, 식물, 세균 등 살아 있는 세포에 기생하며 세포 안에서만 증식할 수 있습니다. 스스로 에너지를 생산하지 못하며, 물질대사를 하지도 못합니다. 독자적인 생명

코흐의 4원칙

1. 특정 질병을 일으키는 세균을 분리할 수 있어야 한다.
2. 그 세균을 순수하게 배양할 수 있어야 한다.
3. 배양한 세균을 실험동물에 투입했을 때 똑같은 질병이 생겨야 한다.
4. 병에 걸린 실험동물에게서 같은 세균을 분리할 수 있어야 한다.

활동을 할 수 없으므로 생물체와 무생물체의 중간으로 구분합니다.

바이러스라는 용어는 라틴어로 '독을 지닌'이라는 단어 'virulent'에서 유래한 것으로 1400년경부터 등장했습니다. 다만 그 당시에는 오늘날처럼 바이러스의 실체가 정확히 드러나지 않아서 독성을 지닌 물질을 가리키는 말로 사용했습니다. 300년이 훌쩍 지난 1728년이 되어서야 바이러스는 '감염을 일으키는 병원체'라는 뜻으로 의미가 바뀌었습니다.

가장 처음 바이러스의 존재를 알아챈 사람은 19세기에 활동한 러시아의 드미트리 이바노프스키입니다. 그는 담배모자이크병(잎에 모자이크 모양의 반점이 생기다가 점차 오그라들며 말라 죽는 병)에 걸린 담뱃잎의 즙을 세균을 걸러내는 여과지에 부었는데, 여과지를 통과한 즙에 여전히 독성이 남아 있는 것을 발견했습니다. 따라서 담배모자이크병이 세균이 아니라 훨씬 더 작은 무언가 때문에 감염되는 질병이라는 결론을 내릴 수 있었습니다. 다만 당시 현미경으로는 세균보다도 크기가 작은 바이러스를 직접 관찰할 수는 없었습니다.

1898년 프랑스의 프리드리히 뢰플러는 돼지가 앓는 구제역이 여과지를 통과할 만큼 작은 미지의 물질 때문에 발생한다는 것을 입증했습니다. 식물뿐만 아니라 동물의 질병도 눈에 보이지 않는 바이러스 때문에 전파된다는 사실이 밝혀진 것입니다. 같은 해 독일의 마르티누스 베이예링크는 여과지를 통과하는 이 미지의 물질이 스스로 생존할 수 없으며 반드시 숙주 세포 속에서 증식해야만 살아갈 수 있다는 사실을 알아냈습니다. 세균에 기생하는 바이러스도 발견되었습니다. 1915년에 영국의 프레더릭 트워트는 바이러스가 세균에 침입해 기생하는 경로를 밝혀냈습니다. 이로써 바이러스는 사람, 동물, 식물과 같은 진핵세포는 물론 세균과 같은 원핵세포에도 기생할 수 있음이 증명되었습니다.

현재는 전자현미경을 이용해 바이러스를 쉽게 관찰할 수 있습니다. 지금까지 발견된 바이러스는 2,000종이 훨씬 넘습니다. 또한 코로나19 바이러스처럼 새로운 종류가 계속해서 발견되고 있습니다.

바이러스마다 사람과 동물에게 병을 일으키는 정도가 다른데, 이를 '종간 장벽'이라고 합니다. B형 간염 바이러스는 사람에게만 질병을 일으킵니다. 다른 동물에 전파되는 경우에는 아무런 증상을 일으키지 못할 뿐 아니라 생존조차 어렵습니다. 반면 구제역은 돼지에게는 치명적이지만 사람에게서는 병을 일으키지 못합니다. 이와 같은 종간 장벽은 생물마다 면역 체계가 다르기 때문에 발생하는 현상입니다.

코로나19 바이러스는 어떨까요? 지금까지 사람에게 감염되는 것으로 알려진 코로나바이러스의 종류는 7가지입니다. 코로나19 바이러스가 박쥐를 통해 전파되었다고 보는 학자들도 있지만, 어느 동물에게서 옮겨 온 것인지는 아직 정확하게 밝혀지지 않았습니다. 사스를 일으키는 바이러스도 코로나바이러스의 한 종류입니다. 이 바이러스는 고양이를 비롯한 여러 동물에서 발견된 적이 있습니다.

역사상 인간이 유일하게 완전히 퇴치한 감염병인 천연두의 바이러스는 사람의 몸에서만 생존 가능하고 다른 동물의 몸에서는 살지 못합니다. 그래서 사람에게 백신을 투여해 바이러스 전파를 막음으로써 박멸할 수 있었습니다. 그러나 다른 인수공통감염병 바이러스들은 동물과 사람 간의 전파가 가능하므로 아무리 사람에게 백신을 맞힌다 한들 완전히 지구상에서 퇴치하기는 어렵습니다.

중세 시대의 기상천외한 감염병 대처법

과거 사람들은 한센병, 흑사병, 콜레라 등의 감염병이 유행하면 종교에 의지했습니다. 신에게 질병을 거두어 달라

중세 시대 흑사병이 유행할 때 의사들이 썼다고 알려진 마스크를 묘사한 삽화입니다. 이 그림은 1656년에 그려졌습니다.

는 기도를 올렸지요. 몸을 보호하는 특이한 복장을 만들기도 했습니다. 또한 환자를 마을에서 쫓아내거나, 환자가 발생한 곳으로부터 멀리 도망쳤습니다. 당시 사람들이 아무리 머리를 썼다고 한들 오늘날의 지식으로 보자면 모두 효과를 보장할 수 없는 방법들입니다.

　과거 사람들도 감염병이 사람에게서 사람으로 전파되는

것은 경험적으로 알고 있었습니다. 13세기 유럽에서 한센병이 유행할 때, 이 병에 감염된 사람들은 모두 마을에서 쫓겨났습니다. 마을에서 쫓겨나 오갈 곳 없는 처지에 놓인 사람들은 사나토리움이라고 부른 요양원에 모여 살았습니다. 요양원에는 환자를 돌보는 의료진도 없었고 이들을 안타깝게 여긴 몇몇 사람만 찾아올 뿐이었습니다. 그러다 보면 선의로 찾아온 이들이 감염되어 환자가 되는 안타까운 경우도 많았습니다.

14세기 유럽에서 흑사병이 유행할 때는 항구에 들어오려는 선박에 40일의 격리 기간을 부여했습니다. 그동안 배 안에서 환자가 더 나오지 않으면 항구에 들어오도록 허가하고, 환자가 발생하면 돌아가도록 조치했습니다. 오늘날의 의학 지식으로 보면 이는 감염병의 잠복기와 맞아떨어집니다. 감염병은 보통 급성으로 발생하므로 40일이면 충분한 격리 기간입니다.

흑사병은 몽골군이 유럽을 침공한 것을 계기로 중앙아시아에서 유럽으로 전파되었습니다. 1347년에 이탈리아 제노아에서 처음 유행하기 시작한 후 불과 수년 만에 유럽 전역을 휩쓸었습니다. 조반니 보카치오는 《데카메론》에서 당시 실상을 잘 소개해 놓았습니다. 이 이야기 속에서 흑사병이

40일의 격리 기간

중세 말기 흑사병으로 몸살을 앓은 유럽에서 항구에 들어오려는 배를 40일 동안 격리한 것은 의학적 판단이 아닌 종교적 관점에서 비롯했습니다. 기독교 성경에 선지자로 등장하는 모세는 이집트를 탈출해 40년 동안 광야를 헤맸습니다. 이 때문에 유럽에서는 40이 큰 수, 충분한 수를 뜻하게 되었습니다. 항구에 들어오려는 배를 40일간 바다에서 기다리게 한 것은 검역을 한 것과 같은 효과를 가져왔습니다. 이후 라틴어로 40을 의미하는 'quarantine'은 영어로 검역이라는 뜻이 되었습니다.

유행하는 마을을 떠나 외진 곳에 있는 성당에 모여든 열 명의 사람들은 그들이 보고 들은 흑사병에 대해 대화를 나눕니다. 이들은 스스로 환자가 있는 곳을 떠나 격리에 들어간 사람들이라 할 수 있습니다.

천연두를 물리친 백신

감염병 해결에 가장 큰 역할을 한 것은 백신과 약입니다. 16세기에 천연두는 세계 전역에서 맹위를 떨쳤지만 21세기인 지금은 아무도 이 병을 무서워하지 않습니다. 세계보건기구^{WHO}는 1980년에 지구상에서 천연두가 모두 사라졌다고 발표했습니다. 수시로 유행하면서 인류를 괴롭혀 온 천연두는 목숨을 앗아갈 만큼 위협적인 감염병이었습니다. 살아남는 경우에도 얼굴을 포함해 피부 곳곳에 흉터를 남겨 놓으므로 무섭고 혐오스러운 병일 수밖에 없었습니다.

천연두는 남아메리카의 아즈텍 문명을 멸망시킨 원인이기도 합니다. 1520년경 아즈텍 문명은 스페인의 침입을 받았는데, 이때 스페인 군인들을 통해 천연두 바이러스가 남아메리카에 전파되었습니다. 양쪽 군대의 군인 모두 천연두 백신을 맞지 않았지만, 스페인 군대보다 아즈텍인들이 훨씬 더 큰 피해를 입었습니다. 유럽인들은 과거부터 수시로 천연두 바이러스에 노출된 까닭에 자신도 모르게 면역이 생겼지만, 이 바이러스를 한 번도 경험하지 못한 아즈텍인들은 면역력을 갖출 기회가 없었기 때문입니다.

많은 사람이 천연두로 목숨을 잃는 것을 안타깝게 여긴 영국의 의사 에드워드 제너는 1796년에 인류 최초의 백신을 개발함으로써 감염병 예방의 길을 열었습니다. 그가 개발한 천연두 백신은 전 세계적으로 널리 이용되었습니다. 그리고 1977년에 자연에서 감염된 환자와 1978년에 실험실 사고로 발생한 환자를 끝으로 지금까지 천연두 환자는 발생하지 않고 있습니다.

백신의 원리는 사람의 면역 기능을 이용하는 것입니다. 우리 몸은 해로운 물질이 침입하면 몸을 보호하는 기전을 가지고 있는데, 이를 면역이라 합니다. 우리 몸은 똑같은 위험에 두 번째 노출되는 경우 처음보다 더 빨리, 더 많이 항체를 만들어 몸을 보호하고자 합니다. 백신 접종은 이러한 면역 반응을 이용하는 것으로, 약화한 소량의 병원체를 몸에 주입하는 것입니다. 이는 바이러스가 인체에 침입할 때 맞서 싸울 항체를 더 빨리, 더 많이 만들어 내도록 유도합니다.

프랑스의 루이 파스퇴르는 제너의 백신 제조법을 기반으로 1877년부터 1885년 사이에 닭콜레라, 탄저, 광견병 백신을 개발해 예방 분야를 더욱 발전시켰습니다. 1901년에 노벨생리의학상을 수상한 독일의 에밀 폰 베링은 디프테리아를 예방할 수 있는 혈청요법을 개발했습니다.

2020년에 제약회사 모더나와 화이자에서 개발한 코로나19 mRNA 백신은 인류 역사상 한 번도 시도한 적 없는 새로운 방법으로 개발된 제품입니다. 이 밖에도 더 좋은 백신을 제조하기 위한 학자들의 연구는 계속 진행되고 있습니다. 감염병은 병원체에 따라 그 특징이 모두 다르므로 병원체 종류에 맞추어 가장 적합한 백신을 개발해야 합니다.

유럽인들은 1918년에 스페인독감이 유행했을 때 큰 피해를 입었습니다. 처음 등장한 이 감염병에 면역력을 갖춘 사람이 없었고, 마땅한 치료제도 없었습니다. 유럽에서는 약 5,000만 명이 스페인독감으로 목숨을 잃었다고 추산됩니다.

그로부터 91년이 지나 2009년에는 신종플루라는 새로운 종류의 독감이 등장해 전 세계가 긴장 상태에 들어갔습니다. 그래도 타미플루, 릴렌자와 같은 약이 개발되어 있어서 예상보다 작은 피해만 입었습니다. 환자들의 증상도 스페인독감 환자들보다는 경미했습니다. 이는 인류가 과거의 경험을 통해 면역력을 높였기 때문으로 추정됩니다.

백신과 이를 통한 면역력 강화는 감염병을 예방할 수 있는 가장 좋은 방법입니다. 인류는 백신을 개발하면서 감염병에 대한 피해를 크게 줄일 수 있게 되었습니다.

위생적인 환경과 영양 상태도 감염병을 막는 데 중요한 역할을 합니다. 19세기 산업혁명 이후 도시화 때문에 갖가지 환경문제가 불거지기 시작한 영국에서 에드윈 채드윅이 이끈 위생 운동은 생활환경 개선의 길을 터놓았습니다. 그리고 1854년 영국의 의사 존 스노는 콜레라가 오염된 식수로 발생하는 질병임을 알아냈습니다. 이처럼 감염병과 환경의

관계가 밝혀지자 개인의 건강을 개인에게 전적으로 맡겨서는 안 되고 사회와 국가가 일정 부분 책임을 져야 한다는 생각이 퍼져 갔습니다. 과거와 비교해 위생 상태가 좋아진 것도 20세기 이후 감염병이 크게 감소한 이유가 되었습니다.

20세기 중반까지는 전 세계 대부분의 사람이 먹을 것이 부족한 상태로 살았지만, 제2차 세계대전 이후 역사상 가장 평화로운 시기가 지속되면서 식량은 전보다 훨씬 풍부해졌습니다. 이로 인해 많은 사람이 건강을 유지할 수 있게 된 것도 감염병 전파가 줄어드는 요인이 되었습니다.

감염병의 치료제 개발

백신이 감염병을 예방한다면, 치료제는 감염병에 걸린 환자를 건강하게 회복시키기 위해 필요합니다.

1910년에 독일의 파울 에를리히는 최초의 화학요법제인 살발산 606호 합성에 성공해 매독(나선 모양을 한 매독균에 의한 감염병) 치료의 길을 열었습니다. 에를리히는 의학의 역사를 바꾼 위대한 발견을 해냈지만 노벨상 수상자로 선정되지는 못했습니다. 그 이유는 아마도 1908년에 다른 업적으로 노벨생리의학상을 이미 수상한 데다 그 업적에 논란의 여지도 있었기 때문으로 추정하고 있습니다.

1928년 영국의 미생물학자 알렉산더 플레밍은 포도상구균이라는 세균을 배양하다가 신기한 현상을 발견했습니다. 어느 날 배양 접시를 보니 푸른곰팡이가 자라 있고 세균은 사라져 있었던 것입니다.

그는 연구를 계속해 곰팡이에서 세균을 퇴치하는 물질을 발견하고 여기에 페니실린이라는 이름을 붙였습니다. 이를 단서로 감염병을 해결할 물질을 찾으려 했지만 기대만큼 효과가 크지 않아서 더 이상의 연구를 진행하지는 않았습니다. 하워드 플로리와 언스트 체인은 플레밍의 연구 결과를 검증하다가 페니실린을 감염병 치료에 사용할 수 있겠다는 생각을 가지고 약을 개발하는 데 성공했습니다. 이들은 제2차 세계대전이 끝난 1945년에 함께 노벨생리의학상을 수상했습니다.

1932년 독일의 게르하르트 도마크는 술폰아마이드계 약물을 합성해 화학물질이 감염병 치료에 아주 효과적일 수 있음을 보여 주었습니다. 그전에도 앞서 소개한 에를리히의 살발산 606호를 비롯한 합성 화학요법제들이 있었지만 도마크의 발견은 그 이전의 것과는 비교가 되지 않을 만큼 파급 효과가 컸습니다. 술폰아마이드계 약물이 페니실린과 함께 제2차 세계대전에서 부상자를 치료하는 데 큰 역할을 했기 때문입니다. 도마크는 이 공로를 인정받아 1939년 노벨생리의학상 수상자로 선정되었습니다.

미국의 셀먼 왁스먼은 흙 속의 곰팡이를 연구하면서 곰팡이의 종류가 엄청나게 많다는 것을 깨달았습니다. 때마침 페니실린의 발견 소식도 전해 들은 그는 감염병을 해결할 수 있는 곰팡이 속 물질이 한두 가지가 아닐 것이라고 확신했습니다. '곰팡이 종류가 얼마나 많은데, 곰팡이에 세균을 퇴치할 수 있는 물질이 있다면 그 종류는 다양할 수밖에 없어!'

왁스먼은 수많은 곰팡이에서 감염병 치료제가 될 만한 여러 가지 물질을 찾을 수 있었습니다. 그는 세균에 대항하는 물질이라는 뜻으로 항생제^{antibiotics}라는 용어를 처음 만들었습니다. 그는 액티노마이신을 비롯한 여러 항생제를 찾아냈고, 결핵 치료제인 스트렙토마이신을 개발했습니다. 그 커다란 공로를 인정받아 1952년 노벨생리의학상을 수상했습니다.

20세기 중반 이후에는 앞서 소개한 학자들의 연구를 바탕으로 다양한 감염병 치료제 개발이 이루어졌습니다. 이를 통해 오랫동안 인류를 괴롭혀 온 급성 감염병은 서서히 줄어들었습니다.

수많은 목숨을 앗아 간 말라리아

　말라리아는 모기의 침을 통해 몸속에 침입한 유충이 적혈구에 기생하면서 생기는 감염병입니다. 전 세계에서 매년 적게는 수십만, 많게는 수백만 명이 말라리아 감염으로 목숨을 잃고 있습니다. 우리나라에서 발생하는 말라리아는 빈도도 낮고 증상이 심하지 않아 그나마 다행입니다.

　말라리아는 언제부터 인류 역사에 등장했을까요? 고대 그리스의 히포크라테스도 말라리아에 대해 기록했습니다. 그는 오늘날 말라리아와 비슷하게 열이 나는 증상을 보이는 마흔두 명의 환자를 진찰했다고 기록했습니다. 그러나 당시의 의학 수준은 지금보다 훨씬 낮았으므로 이 기록만으로 말라리아라 확신하기는 어렵습니다. 발열을 주요 증상으로 하는 다른 질환일 가능성도 배제할 수는 없습니다. 히포크라테스보다 조금 더 이른 시기에 활약한 엠페도클레스도 말라리아로 추정되는 기록을 남겼지만 확실치는 않습니다. 그로부터 약 300년이 지난 후 로마의 마르쿠스 바로는 "늪지

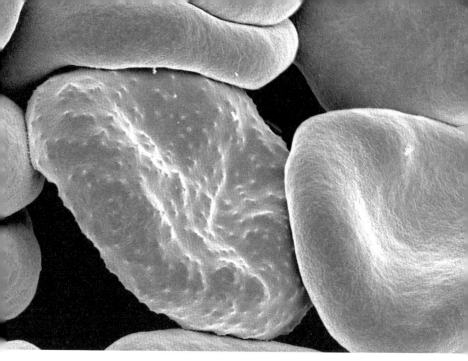

말라리아는 모기의 침을 통해 인체에 침입한 유충이 적혈구에 기생하면서 발생합니다. 말라리아에 감염된 적혈구는 표면이 울퉁불퉁해집니다.

대에 있는 어떤 보이지 않는 미세한 물질이 입과 코를 통해 인체에 들어오면 질병을 일으킨다"라며 집을 지을 때는 늪지대를 피해야 한다고 주장했습니다. 이 질병은 아마 말라리아일 것으로 추정됩니다. 말라리아는 모기를 통해 전파되고, 모기는 물이 있는 곳에 알을 낳습니다. 늪지대를 피하는 것은 말라리아 예방에 적합한 조치라 할 수 있습니다.

기원전 4세기 마케도니아의 알렉산더 대왕이 사망한 원인도 말라리아 감염으로 추정되고 있습니다. 그는 인도까지

침공했다가 돌아오는 길에 중동 지방에서 갑자기 세상을 떠났습니다. 또한 2세기와 5세기에 로마에서 유행한 감염병의 정체가 말라리아일 가능성도 제기되고 있습니다. 말라리아와 관련한 유럽의 기록들은 이 무렵부터 많이 등장합니다.

당시에는 나쁜 공기를 들이키거나 그 공기에 오염된 음식을 먹으면 말라리아에 걸린다는 생각이 지배하고 있었습니다. 과거 사람들은 나쁜 공기와 물이 감염병을 일으킨다고 믿었는데, 이를 '미아즈마설'이라고 합니다. 19세기 들어 세균과 같은 미생물이 감염병의 원인이라는 사실이 밝혀지기 전에는 미아즈마설이 가장 널리 받아들여진 생각이었습니다.

말라리아를 옮기는 모기는 기온과 습도가 높은 환경에서 잘 성장합니다. 말라리아의 종류로는 삼일열, 사일열, 열대열, 난형열 등 4가지가 있는데, 그중 가장 위험한 것은 열대열 말라리아로 열대 지역에서만 발생합니다. 말라리아에 감염된 모기의 침을 통해 유충이 사람의 피로 들어오면 약 1주일 정도의 잠복기가 끝난 후 증상이 나타납니다. 가장 흔한 증상은 열이고 빈혈, 피로, 황달, 오한과 땀이 생기는 증상도 함께 나타납니다. 여기서 병세가 더 심각해지면 경련, 의식장애가 발생하면서 견디기 어려워집니다.

근대에 접어들자 유럽인들은 식민지 개척을 위해 앞다투

어 열대 지방으로 진출하는 대항해 시대를 열었습니다. 이때 열대열 말라리아는 유럽인들이 가장 대처하기 힘든 감염병이었습니다. 그러다가 16세기 초 남아메리카(현재의 페루와 에콰도르 지역)에서 선교 활동을 하던 가톨릭 예수회 신부들은 원주민들이 열이 나는 병에 걸렸을 때 '키나'라는 나무의 껍질을 달여 먹는 것을 알게 되었습니다. 이 방법은 효과가 좋았으므로 신부들은 1630년경 유럽에서 말라리아가 유행할 때 자신들의 경험담을 의사들에게 알려 주었습니다. 그러나 당시의 폐쇄적인 의학계가 이를 무시하는 바람에 키나의 효과는 유럽에 널리 알려지지 못했습니다.

1670년대에 영국에서 말라리아가 유행하자 특효약이라며 가루약을 판매하는 사람이 나타났습니다. 왕립협회에 참여하면서 관찰과 실험으로 연구하는 학문에 관심을 가졌던 찰스 2세는 말라리아 증상이 나타나자 이 가루약을 복용해 효과를 볼 수 있었습니다. 이 신비한 가루는 훗날 남아메리카에서 전해진 키나의 가루라는 사실이 밝혀졌습니다.

어떤 원리로 치료 효과를 내는지는 모른 채 복용하던 키나 가루에서 약효를 지닌 물질의 구조를 알아낸 학자는 피에르 펠르티에와 요셉 카방투입니다. 1820년 이들은 키나에서 '키니네'라는 물질을 분리했습니다. 둘은 대량 생산 시설

남아메리카 원주민들이 달여 먹은 키나의 껍질은 말라리아 치료에 탁월한 효과를 보였습니다. 과학자들은 키나에서 약효가 있는 성분을 분리해 치료제를 개발했습니다.

을 갖추어 키니네의 공급을 위해 노력했습니다.

　1878년부터 5년간 식민지였던 아프리카 알제리에 파견되어 근무한 프랑스의 샤를 라브랑은 말라리아 환자에게서 채취한 피를 관찰하던 중 핏속의 적혈구 안에 미지의 작은 유기체가 존재하는 것을 발견했습니다. 그는 적혈구 안에 존재하는 이 유기체가 말라리아의 원인일 거라 추정했습니다. 당시 과학자들은 코흐의 4원칙에 맞추어 감염병의 원인균을 연구했는데, 말라리아 유충은 세균이 아니었으므로 그 원칙으로는 찾을 수 없었습니다. 라브랑은 유충이 원생동물(한 개의 세포로 이루어진 원시적인 동물로, 현미경으로만 관찰할 수 있을 정도로 작지만 미생물보다는 크다)임을 밝혀냈습니다. 이로써 말라리아 유충은 최초로 발견된 병원성 원생동물이 되었습니다.

이후 여러 학자가 말라리아 감염 경로 연구에 뛰어들었습니다. 1883년 영국의 앨버트 킹은 말라리아가 모기를 통해 전파된다고 주장했습니다. 패트릭 맨슨도 말라리아를 비롯해 모기가 전파하는 병에 대한 연구 결과를 발표했습니다. 1888년 의학 공부를 막 마친 젊은 의학자 로널드 로스는 말라리아 연구에 관심을 가지고 맨슨을 찾아갔습니다. 맨슨은 말라리아 환자의 피를 흡입한 모기가 건강한 사람을 찌르면 그 사람도 병에 감염되며, 증상은 병을 일으키는 유충이 혈액 속에서 성충으로 다 자라고 난 다음에야 나타나는 것 같다는 자신의 생각을 들려주었습니다. 이 가설을 검증하기 위해 로스는 말라리아 환자의 피를 흡입한 모기를 1,000마리 이상 해부했습니다. 또한 실험의 정확성을 위해 유충 때부터 모기를 철저히 격리시켰습니다. 목표는 말라리아 원충의 생활환(생물이 수정란에서부터 여러 시기를 거치면서 성체로 성숙해 번식하고, 그 자손이 다시 같은 과정을 반복하며 순환하는 일)을 알아내는 것이었습니다.

로스는 말라리아의 감염 경로를 밝혀낸 공로를 인정받아 1902년 노벨생리의학상을 받았습니다. 앞서 소개한 라브랑도 말라리아의 원충을 발견한 업적으로 1907년에 노벨생리의학상을 수상했습니다.

20세기에 들어서자 말라리아 치료제를 개발하려는 연구가 줄을 이었습니다. 1924년 독일 제약회사 바이엘에서는 동물실험을 통해 수많은 유도체 중 앞서 소개한 키니네보다 예순 배 강한 효과가 있는 '파마퀸'이라는 물질을 발견했습니다. 이 물질은 지금은 심각한 부작용이 밝혀져 사용하지 않습니다. 바이엘의 연구팀은 퀴나크린도 찾아내 1932년부터 판매했습니다. 그다음 개발된 클로로퀸은 퀴나크린과 비슷한 구조를 지닌 물질로 지금도 사용하고 있습니다. 퀴나크린과 클로로퀸은 제2차 세계대전 중에 대량으로 생산되었습니다.

지금은 더욱 부작용이 적은 물질인 프리마퀸이 사용되고

있습니다. 그 외에도 많은 말라리아 약제가 개발되었습니다. 2015년 중국의 투유유는 말라리아 치료제인 아르테미시닌을 발견한 공로를 인정받아 노벨생리의학상을 수상했습니다. 그럼에도 인류 역사와 함께해 온 말라리아는 아직도 해결해야 할 질병의 하나로 남아 있습니다.

임신과 출산

결정적 질문 ❻

아이를 원하는 당신

낳을 수 있을까?

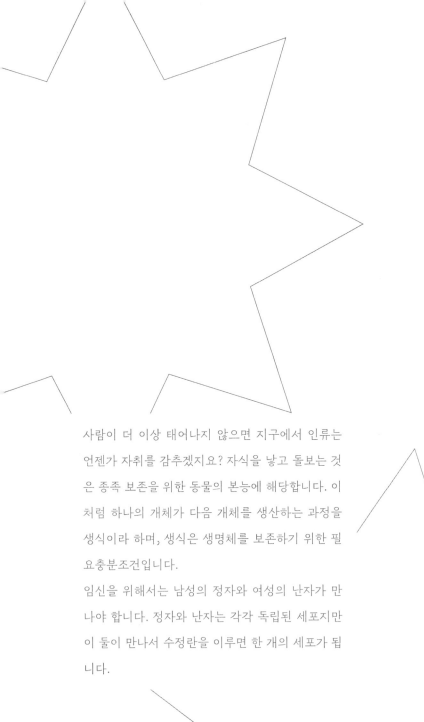

사람이 더 이상 태어나지 않으면 지구에서 인류는 언젠가 자취를 감추겠지요? 자식을 낳고 돌보는 것은 종족 보존을 위한 동물의 본능에 해당합니다. 이처럼 하나의 개체가 다음 개체를 생산하는 과정을 생식이라 하며, 생식은 생명체를 보존하기 위한 필요충분조건입니다.

임신을 위해서는 남성의 정자와 여성의 난자가 만나야 합니다. 정자와 난자는 각각 독립된 세포지만 이 둘이 만나서 수정란을 이루면 한 개의 세포가 됩니다.

임신이 일어나려면 여성의 몸에서 배란(난자를 배출하는 과정)이 일어나야 합니다. 개인차가 있기는 하지만 배란은 일반적으로 4주에 한 번 정도 일어납니다. 배란은 10대 중반부터 50대 초까지의 여성에게 일어나므로 이때를 가임기(임신이 가능한 시기)라 합니다. 배란된 난자는 자궁관(흔히 '나팔관'이라 부르지만 의학에서는 해부학적 위치와 기능을 유추할 수 있는 '자궁관'으로 부른다)에서 정자와 만나 수정란을 이루며, 수정란은 여성의 자궁 내막에 달라붙어 영양분을 공급받으며 자랍니다.

정자와 난자가 만나면 새로운 개체에게 유전자를 전해 줍니다. 핵에 들어 있는 DNA 속 유전자는 단백질 합성을 위해 쓰입니다. DNA는 모든 생물의 세포 속에 있습니다. 아데닌, 구아민, 티민, 시토신이라는 4종 염기로 이루어져 있으며, 자손에게 전달할 유전정보를 담고 있습니다. 생명 현상에 가장 중요한 물질은 단백질이며, 이 단백질을 합성할 수 있는 유전정보는 DNA 중 유전자에 들어 있습니다.

수정란은 어머니의 자궁에 착상된 후 분열을 계속하면서 세포 수가 크게 늘어납니다. 세포가 분열하는 경우 보통은 세포의 크기가 커졌다가 반으로 쪼개지기를 반복하지만 초기 배세포는 크기에 변화가 없이 둘로 나뉘기만 합니다. 배아(포배) 상태에서 전체 크기는 변하지 않으므로 세포의 수는 늘어나지만 크기는 점점 작아집니다. 이를 '생장'이라 합니다. 간혹 이 과정에서 쌍둥이가 생기기도 합니다.

수정란이 자라서 태아로 성장하는 과정은 생장과 분화가 함께 일어나는 과정입니다. 분화는 임신 초기 배엽으로부터 성장하면서 여러 종류의 세포가 각각의 특징을 가지고 서로 다른 기능을 할 수 있도록 발전하는 과정입니다. 생장을 통

TIP
쌍둥이

수정란이 두 갈래로 분열할 때 세포가 두 개로 떨어지는 경우도 있습니다. 이렇게 되면 두 명의 아기로 성장해 태어나는데 이를 일란성 쌍둥이라고 합니다. 한편 이란성 쌍둥이는 난자가 두 개 이상 배란되어 각각 정자를 하나씩 받아들임으로써 두 개의 수정란이 생겨난 후 자라난 아기들을 가리킵니다. 일란성 쌍둥이는 하나의 수정란으로부터 같은 유전형질을 물려받았으므로 남녀가 한 명씩 태어나는 경우가 없지만 이란성 쌍둥이는 유전형질이 똑같지는 않으므로 남녀 한 명씩 태어날 수 있습니다. 또한 생김새나 성격도 일란성 쌍둥이보다 차이가 많이 납니다.

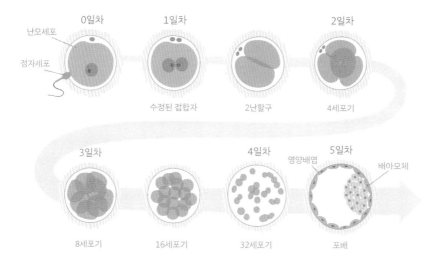

난모세포
정자세포

0일차
1일차
수정된 접합자
2난할구
2일차
4세포기

3일차
8세포기
16세포기
32세포기
4일차
영양배엽
5일차
배아모체
포배

수정란이 분열하는 과정입니다. 수정란은 어머니의 자궁에 착상된 후 분열을 계속하면서 세포 수가 크게 늘어납니다.

해 배아를 형성하면 다음으로 외배엽, 중배엽, 내배엽으로 구분됩니다. 외배엽은 피부와 이로부터 분화해 만들어지는 뇌, 척수와 같은 신경과 여러 감각기관을, 중배엽은 근골격 계통, 혈액과 순환계통, 배설계통, 생식기계통을, 내배엽은 간, 췌장 등의 소화기계통을 형성합니다. 세포 하나로 출발 한 수정란은 40주가 지나면 약 3.5킬로그램의 아기로 자라 납니다.

수정란이 생장과 분화를 거쳐 어떤 개체로 자라날지는 부모로부터 받은 유전정보로 결정되어 있습니다. 아버지의 정자와 어머니의 난자로부터 반반씩 전해진 유전정보는 핵 속에 존재하는 DNA에 들어 있으므로 핵이 없는 세포는 발생(세포가 증식하고 분화하면서 복잡한 객체가 되는 과정)을 진행할 수 없습니다. 흥미로운 점은 핵을 없애면 발생이 멈추고, 새로운 핵을 주입하면 다시 발생이 진행되는 것입니다. 이를 이용해 특정 유전자를 지니고 있는 핵을 주입함으로써 유전자를 원하는 대로 변형한 개체를 만들어 낼 수도 있습니다.

부모에게 심각한 유전질환이 있거나 보인자(겉으로 나타나지 않는 유전형질을 가진 사람이나 생물. 질병을 일으키는 유전형질이 숨겨져 있으면 자신은 병이 없지만 자식에게는 병이 나타날 수 있다)인 경우 태아에게 유전질환이 있는지 확인하는 검사를 해볼 수 있습니다. 보통 임신 10~12주차에 태반 조직의 일부를 추출하는 검사를 시행하거나 16~19주에 태아에게 비정상적인 유전자가 있는지 살펴봅니다. 이때 모든 유전자를 검사하려면 시간과 비용이 많이 들기에 가족력이 있는 질병에 대한 유전자를 우선 확인합니다.

임신 후 18~20주가 지나면 엄마는 배 속에서 아기가 발길질을 하는 듯한 태동을 느낄 수 있습니다. 사실 아기는 7~8주가 되었을 때부터 오물조물 움직입니다. 크기와 움직임이

작아서 엄마는 느끼지 못하지만 초음파 검사를 하면 아기가 움직이는 모습과 심장박동까지 볼 수 있습니다. 또한 아들인지 딸인지 구별이 가능해집니다. 초음파 사진은 흑백이고 경계가 분명치 않으므로 처음 보는 이들에게는 모양이 선명하지 않습니다. 하지만 이를 전문적으로 다루는 의료진은 초음파 사진만으로도 아기의 성장이나 건강 상태에 대해 많은 정보를 얻을 수 있습니다.

엄마 배 속에서 아기는 머리가 아래로, 발이 위로 향하는 모양으로 자리를 잡아 갑니다. 거꾸로 선 아기는 웅크린 모양으로 성장하다가 출산이 시작되면 머리부터 나오기 시작합니다. 신체 중 가장 크기가 큰 머리가 빠져나오기만 하면 나머지 부분은 어렵지 않게 밖으로 나올 수 있습니다. 머리부터 나오지 않으면 때로는 산모나 아기가 목숨을 잃을 수도 있을 정도로 출산이 험난해집니다.

갓 태어난 아기의 평균 체중은 약 3.5킬로그램입니다. 엄마는 출산 후 약 10킬로그램의 체중이 감소합니다. 임신 중에 양수로 가득 찬 양막이 두껍게 아기를 보호하고 있다가 아기와 함께 몸 밖으로 나오기 때문입니다. 배 속에서 아기는 엄마의 태반으로부터 배꼽에 연결된 탯줄을 통해 필요한 영양소와 산소 등을 전달받습니다. 아기가 태어나면 가위로 탯줄을 잘라 주어야 아기가 엄마로부터 완전히 떨어질 수 있습니다. 탯줄을 자르면 엄마 쪽 탯줄은 태반에 붙어 있으므로 출산과 함께 엄마에게서 완전히 분리됩니다. 아기의 배꼽에 붙어 있는 부분은 시간이 지나면 저절로 떨어집니다.

엄마 배 속에서 아기가 자라나는 동안에는 특별한 문제가 발생하지 않아야 합니다. 간혹 임신중독증과 같은 이상이 생길 수도 있으므로 임신이 확인되면 정기적으로 산부인과에 가서 아기가 잘 자라나고 있는지, 엄마의 건강에는 문제가 없는지 진찰을 받는 것이 좋습니다. 아기는 충격에 약하므로 임신 기간 내내 엄마는 몸을 잘 간수해야 합니다. 아기는 보통 마지막 생리 후 40주가 지나서 태어나지만 1~2주 정도 빨리 태어나는 경우도 있으므로 출산 예정일이 가까워지면 엄마는 마음의 준비를 하고, 더욱 몸 간수에 신경을 써야 합니다.

아기를 낳을 때가 되면 배가 아파 오기 시작합니다. 진통은 주기적으로 조금씩 빨라지는데, 처음 아기를 낳는 경우에는 구별하기 어렵지만 경험이 있는 엄마는 진통만으로도 출산이 가까워졌음을 짐작할 수 있습니다. 출산을 알리는 통증은 간격이 점점 짧아지고 강도도 심해집니다.

양막낭이 터져 양수가 쏟아지는 것은 출산이 가까워졌다

는 뜻이므로 빨리 병원으로 가야 합니다. 양수가 쏟아진 후 아이가 나올 때까지의 시간은 개인에 따라 다릅니다. 병원으로 이동하는 중에 아기를 출산하는 경우도 있습니다.

아기가 머리부터 나오지 않는 경우는 엄마나 아기의 생명이 위협받을 수도 있는 상황이므로 의사는 출산 전에 미리 아기가 어떤 모양으로 엄마 배 속에 들어 있으며, 분만을 쉽게 할 수 있는지를 판단해야 합니다. 아기가 머리부터 나올 수 없거나 아기의 머리가 커서 출산 과정이 위험할 것이라고 판단되면 의사는 엄마의 배를 칼로 가르고, 자궁외막을 절개해 아기를 꺼내기도 합니다. 이를 제왕절개술이라 합니다.

엄마의 몸에서 밖으로 나온 아기는 곧 울어야 합니다. 숨을 쉬기 위해서입니다. 갓 태어난 아기의 울음소리는 우는 게 아니라 폐로 처음 숨을 쉬기 시작할 때 나오는 소리입니다. 엄마 배 속에 있을 때는 탯줄을 통해 엄마가 산소를 보내 주지만 독립한 후에는 직접 숨을 쉬어야 하니 빨리 울어야 하는 것입니다. 울지 않고 오래 있는 것은 숨을 참는 것과 마찬가지이므로 목숨이 위험해질 수도 있습니다.

태어난 아기의 체중이 처음 며칠 동안 주는 것은 아기 배 속에서 빠져나오는 대변의 양이 모유를 먹은 양보다 많기

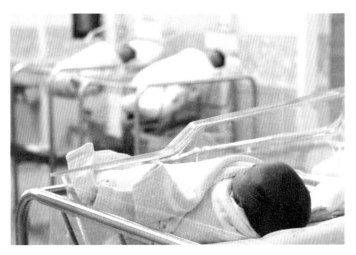

갓 태어난 아기의 체중이 며칠 동안 주는 것은 아기 배 속에서 빠져나오는 대변이 모유를 먹은 양보다 많기 때문입니다.

때문입니다. 출산 직후 아기가 보는 대변은 엄마 배 속에 있을 때 탯줄을 통해 들어온 영양소가 소화되고 남은 것입니다.

아이를 낳고 싶지 않다면

의학이 발전하면서 원치 않는 임신을 막는 방법도 여러 가지 개발되었습니다. 앞서 설명했듯 임신의 첫 단계는 정자와 난자가 만나는 것입니다. 따라서 임신을 피하려면 정자와 난자가 만나지 못하게 막으면 됩니다. 정자가 남성의 몸 밖으로 나가지 못하도록 막는 수술로는 정자가 지나가는 길 역할을 하는 정관을 자르는 방법이 있습니다. 정자가 만들어져서 남성의 몸 밖으로 나가더라도 콘돔을 사용하면 난자를 만나러 가는 길이 막혀 임신이 안 됩니다. 반대로 여성의 몸에 삽입하는 여성용 콘돔도 있습니다. 여성의 몸에서 남성의 정자가 이동해 가는 길을 막아서 난자와 만나지 못하게 합니다. 또한 정자를 죽여서 수정을 막는 방법도 있습니다. 정자를 죽일 수 있는 물질이 포함된 크림이나 젤리를 여성의 몸속에 넣어 두는 것입니다.

여성의 생리 주기는 보통 28일이며, 배란 후 1~2일 정도만 임신이 가능하므로 이 시기를 피하면 임신을 막을 수 있습니다. 그러나 날짜를 조절하는 것만으로는 실패할 가능성이 높으므로 배란 자체를 조절하는 방법을 많이 사용합니다. 여성의 생리 주기는 호르몬에 의해 조절되므로 이 호르몬 분비를 조절하면 배란 시기를 바꿀 수 있습니다. 호르몬 주기를 바꾸는 약은 먹는 약뿐만 아니라 주사, 패치 등 여러 가지로 개발되어 있습니다.

배 속의 아기가 생존이 가능할 정도로 자라나지 않은 상태에서 임신이 중단되면 아기는 목숨을 잃게 됩니다. 수정란의 착상 이후 배세포가 자라 아기로 태어날 확률은 80퍼센트가 안 됩니다. 각종 사고 때문에 유산되는 경우가 생길 수 있기 때문입니다. 유산은 자연적으로 발생할 수도 있습니다. 착상 후 6주가 지날 때까지 잘 자라더라도 약 20퍼센트의 경우에 임신이 중지됩니다.

낙태는 태아를 인공적으로 제거하는 일을 가리키며, 임신 중절이라고도 합니다. 의사가 판단하기에 임신이 지속되는 경우 엄마의 건강이 크게 나빠질 수 있거나, 태아가 아주 심각한 유전적 문제를 가지고 있는 경우에 어쩔 수 없이 낙태를 결정하기도 합니다. 낙태는 아기의 목숨을 앗아가기도 하지만 엄마의 건강에도 해롭기에 조심해야 합니다.

TIP 수정란의 착상 이후

성장하는 수정란은 언제부터 생명이라고 할 수 있을까요? 관련 연구자들 모두가 의견을 통일했다고 할 수는 없지만, 생명이냐 아니냐를 판단하는 기준은 수정 후 14일로 제시되는 경우가 많습니다. 수정 후 14일부터는 큰 변화 없이 하나의 생명체로 자라날 수 있기 때문입니다.

우리나라에서는 2021년 1월 1일부터 낙태죄가 형법상 효력을 잃고 폐지되었습니다. 폐지된 이유는 과거의 법에서 낙태를 하려면 부모가 모두 동의해야 한다는 조항이 있었기 때문입니다. 이 법이 폐지됨으로써 이제는 임신부가 판단해 낙태를 할 수 있게 되었습니다.

그러나 아기가 배 속에서 나오고 나서도 충분히 살 수 있을 정도로 성장한 시기의 낙태는 불법이 됩니다. 예전에는 28주의 아기까지 낙태가 허용되었지만, 24주로 줄어들었고 지금은 20주까지만 허용되는 걸로 바뀌었습니다. 이후에는 엄마의 결정만으로 낙태를 해서는 안 됩니다. 임신 중에 엄마의 몸에 문제가 생기더라도 20주 이상만 버티면 아기를 낳을 수 있을 정도로 의학은 발전했습니다.

시험관 아기는 어떻게 태어날까?

난자가 처음 관찰된 것은 1840년의 일입니다. 그 후로 의학자들은 정자와 난자가 어떤 역할을 하는지 알아내려 했습니다. 1843년에는 정자가 난자로 들어가 수정되는 것이 임신의 시작이라는 사실이 알려졌습니다.

난자가 배출되는 길이 막혀 있으면 난자는 정자와 만날 수가 없습니다. 마찬가지로 남성의 몸에서 정자가 잘 만들어진다 해도 정자가 배출되는 길이 막혀 있으면 난자를 만날 수 없게 됩니다. 이런 경우에 정자와 난자를 별도로 채취해 시험관에 넣어 줌으로써 수정이 일어나게 할 수 있습니다. 이처럼 인공적으로 수정을 해주는 것을 '인공수정'이라 합니다. 인공수정으로 얻은 수정란을 엄마의 자궁에 착상하게 하는 것이 시험관 아기 시술의 원리입니다. 이 시술은 임신이 잘 되지 않아 어려움을 겪는 부부에게 큰 도움을 주고 있습니다. 지금은 우리나라에만 100개가 넘는 시술 기관이 있고, 전 세계적으로는 매년 30만 명을 훨씬 초과하는 시험관 아기가 출생합니다.

영국의 의사 로버트 에드워즈는 1965년에 난자를 인공적으로 성숙시키는 방법을 찾아냈고, 1969년에는 시험관 안에서 정자와 난자를 합쳐 수정란을 만드는 실험에 성공했습니다. 1970년대가 되자 시험관 아기 탄생에 대한 기술적인 문제는 모두 해결되었습니다. 그래도 오묘하기 이를 데 없는 생명 현상에서 어떤 예상치 못한 일이 일어날지는 모르는 일이었으므로 이 분야의 선진국인 미국과 영국의 의학자들은 서로 눈치만 보고 있었습니다.

그러다가 영국에서 첫발을 뗐습니다. 1978년 7월 25일 오후 11시 47분에 영국 맨체스터의 올드햄병원에서 에드워즈가 패트릭 스텝토와 함께 루이스 브라운이라는 아기를 탄생시키는 데 성공한 것입니다. 시험관 아기에 대한 국가적 관심이 얼마나 컸냐면, 영국 정부가 나서서 이 아기의 출산 과정을 영상으로 기록할 정도였습니다.

이 기술은 당시의 의학 수준으로 볼 때 특별히 어렵지는 않아서 세계 여러 나라의 의사들이 따라 할 수 있었습니다. 최초의 시험관 아기 탄생 소식이 전해지자 우리나라에서도 여러 연구팀이 시도했습니다. 우리나라 최초의 시험관 아기는 1985년 10월 12일에 서울대학교 병원에서 장윤석 교수팀이 제왕절개로 태어나게 한 쌍둥이입니다.

최초의 시험관 아기 브라운은 무럭무럭 자라서 어른이 되었고, 2004년에 웨슬리 멀린더라는 남자를 만나 결혼했습니다. 결혼식에는 그를 태어나게 한 의사 에드워즈도 참석해 축하해 주었습니다. 브라운은 2006년 12월 20일에 캐머런이라는 아기를 낳아 시험관 시술로 출생한 사람 중 가장 먼저 2세를 낳는 기록을 세웠습니다.

에드워즈는 시험관 아기 시술을 최초로 성공한 공로를 인정받아 2010년에 노벨생리의학상 수상자로 선정되었습니

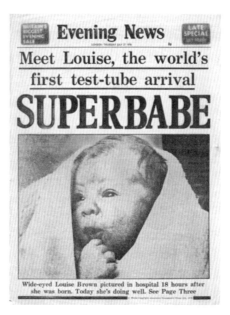

Evening News

**Meet Louise, the world's
first test-tube arrival**

SUPERBABE

Wide-eyed Louise Brown pictured in hospital 18 hours after
she was born. Today she's doing well. See Page Three

영국 신문 〈이브닝 뉴스〉에 실린 인류 최초의 시험관 아기 루이스 브라운입니다.

다. 노벨상 시상식에서는 인류의 약 10퍼센트가 겪고 있는 불임의 문제를 그가 해결해 주었다며 수상자 선정의 의의를 밝혔습니다. 에드워즈 이후 시험관 아기 시술은 이제 의학에서 빼놓을 수 없는 보편적인 방법이 되었습니다.

시험관 아기 시술의 원리를 좀 더 자세히 살펴보겠습니다. 암컷 물고기가 강이나 바다의 바닥에 알을 낳아 놓으면 수컷이 지나가면서 정자를 뿌려 놓습니다. 물고기의 몸 밖에서 수정이 일어나므로 이를 체외수정이라 합니다. 시험관 아기 시술은 여성의 몸 밖에서 정자와 난자가 만나 수정이 이루어지게 하는 것이므로 체외수정이라고 할 수 있습니다. 현재는 부모의 몸 상태에 맞춤해 쓸 수 있는 방법과 약물이 다양하게 개발되어 있습니다. 아래 소개하는 시술 과정은 일반적인 방법입니다.

가장 기본이 되는 기술은 아버지의 정자와 어머니의 난자를 채취하는 것입니다. 자연적인 임신 과정에서는 아버지의 정자가 어머니의 난자로 들어가 수정이 됩니다. 그런데 시험관에서는 정자와 난자를 함께 둔다고 해도 두 세포가 결합해 수정이 될 가능성이 높지 않습니다. 그러므로 확률을 높이기 위해 여러 가지 방법을 동원해야 합니다.

여성은 일반적으로 한 달에 한 개의 성숙란을 배출합니다. 시험관 아기 시술에서는 난자가 수정되기 쉽도록 생리 2~4일째에 과배란을 유도합니다. 이를 위해 생식선자극호르몬 방출호르몬^{GnRH}을 투여해 난포가 성숙되도록 합니다. 그리고 생리 12~14일째가 되면 난자를 채취합니다. 채취 34~36시간 전에는 배란을 유도하기 위한 주사를 놓습니다. 난자를 채취할 때는 여성을 마취한 다음 초음파를 통해 관찰하면서 정확히 난포액을 흡입한 후 난포에 포함된 난자를 골라내야 합니다. 난자를 6~8시간 배양한 후 같은 날 채취한 정자를 넣어 수정을 시도합니다.

수정 방법에도 여러 가지가 있습니다. 정자와 난자를 배양액이 들어 있는 접시에 넣고 보관하기만 해도 수정이 이루어질 수 있습니다. 그러나 잘 되지 않는 경우에는 정자를 난자의 세포질 내로 직접 주입하거나 자궁관으로 정자와 난자를 직접 넣는 복강경 수술을 합니다. 예전에는 자연 주기로 생기는 한 개의 난자만을 채취해 수정시켰으나, 요즘에는 배란 유도제를 사용해 임신 성공률을 더욱 높입니다. 과배란을 유도한 후 여러 개의 난자를 채취해 수정을 시도하면 임신 확률은 높아지지만 쌍둥이를 임신할 확률도 높아질 수 있습니다. 원치 않는 쌍둥이 임신에 대한 예방책으로 일부 국가에서는 자궁 내로 이식하는 배아의 개수를 제한하기도 합니다.

수정된 배아는 2~5일 정도까지 배양하다 8~16일째가 되면 이 배아를 관에 담아서 여성의 자궁경부를 통해 자궁 안에 심어 줍니다. 그리고 나서 산모는 안정을 취하고 있다가 11일 정도 지난 후에 피를 채취해 임신 여부를 확인합니다. 피에서 확인하고자 하는 것은 임신을 했을 때 분비되는 융모성 성선자극호르몬^{hCG}입니다. 태반의 영양막 세포에서 만들어지는 이 호르몬은 황체가 퇴화하지 않고 계속해서 호르몬을 생산하게 해 임신을 지속시킵니다. 소변에서 융모성 성선자극 호르몬을 검출하는 것으로 임신을 진단하기도 합니다.

혈액 검사를 통해 임신을 확인하면 산모에게 계속 안정을 취하게 하면서 같은 방법으로 융모성 성선자극호르몬이 계속 증가하는지를 확인합니다. 배아가 어느 정도 자라면 초음파로 태낭을 살펴보아 임신을 확인할 수 있습니다.

시험관 아기의 임신 성공률은 시술자의 실력에 따라 차이가 있으나, 보통은 30퍼센트 정도로 보고되고 있습니다. 우리나라의 성공률은 의사들의 손기술이 뛰어나서인지 다른 나라의 평균보다 높은 편입니다.

생명 현상에 얼마큼 개입할 수 있을까?

임신과 출산은 인간의 종족 보존을 위해 반드시 필요한 일입니다. 그런데 오래전부터 신의 영역이라 여겨진 생명체의 탄생 과정을 인간의 힘으로 조절하는 것이 바람직한 일일까요? 1840년대 이후 임신과 출산에 대한 연구가 활발히 진행되어 1970년대에 이르자 임신에 대한 거의 모든 것이 밝혀졌고, 임신을 조절할 수 있는 수준까지 의학이 발전했습니다. 그러나 선뜻 시험관 아기 시술이 이루어지지 않은 것은 사람의 생명을 대상으로 실험하는 일이 과연 옳은 일인지에 대한 논쟁이 있었기 때문입니다.

시험관 아기를 만드는 기술 자체는 장기간에 걸쳐 발전했습니다. 개발 과정이 비교적 널리 알려져 있었고 유용성에 대해서도 의문의 여지가 없었습니다. 하지만 자연적인 임신 과정에 인공적인 방법인 체외수정으로 개입하는 것이 윤리적인 일인가 하는 의문이 제기되었습니다.

마취제를 사용한 무통 분만도 한때는 논란의 대상이었습니다. 앞서 소개했듯 19세기 영국의 제임스 심슨은 마취제 클로로포름을 이용해 무통 분만에 성공하며 산모의 고통을 크게 덜어 주었습니다. 하지만 당시에는 지금보다 기독교 사상의 영향력이 훨씬 컸습니다. 고통 없는 출산이 가능해졌다는 소식에 사람들 사이에서는 "성서의 뜻을 따르지 않고 무통 분만을 하는 것이 합당한 일인가?"라는 의문이 떠올랐습니다. 성서에 따르면 출산의 고통이 곧 인류의 숙명이기 때문이었습니다. 에덴 동산에 살던 인류의 조상 아담과 하와는 신의 말씀을 따르지 않고 몰래 선악과를 따먹는 바람에 벌을 받습니다. 하와는 에덴 동산에서 쫓겨나 잉태

하는 고통을 얻게 됩니다. 사람들의 의의 제기에 심슨은 신이 아담을 잠들게 한 다음 갈빗대를 뽑아 하와를 만들었다는 구절로 미루어 보면 신이 마취를 반대할 이유는 없다고 반박했습니다.

새로운 사건이나 현상에 논쟁을 제기하는 것은 흔한 일입니다. 그러나 역사를 돌이켜 보면 이론적 근거보다는 실제 사람들이 살아가는 데 어떤 방법이 더 편리한가를 기준으로 새로운 기술의 방향을 판가름한 경우가 많습니다.

처음에는 논란이 있었지만 사람들의 생활에 실질적으로 기여하면서 차츰 발전한 또 다른 기술로는 유전자 재조합을 들 수 있습니다. 유전자 재조합은 대표적인 유전자 조작 기술에 해당합니다.

1973년에 미국의 스탠리 코언과 허버트 보이어는 서로 다른 두 유전자에서 염기서열이 같은 부분을 절단해 조각을 낸 후 서로 바꿔 붙이는 실험에 성공했습니다. 유전자를 재조합함으로써 이 세상에 존재하지 않는 새로운 유전자를 만들어 낸 것입니다. 인류 역사상 최초로 유전자 재조합 기술을 실현한 직후 보이어는 제넨테크라는 회사를 설립했습니다. 이 회사에서 유전자 재조합 기술을 이용해 최초로 만들어 낸 약은 인슐린입니다.

당뇨병 치료를 위해 개발된 인슐린은 초기에는 돼지와 개 등 동물로부터 분리한 것을 사용했으므로 생산비도 비싸고, 동물이 지닌 바이러스를 사람에게 감염시킬 수 있어 위험했습니다. 보이어가 설립한 회사에서는 사람의 인슐린 유전자를 분리해 대장균 속에 집어넣은 다음 이 대장균을 배양하는 방법을 개발했습니다. 대장균이 사람의 인슐린을 대신 만들어 주는 것입니다.

유전자 변형 식품이 많이 출시된 지금도 논쟁은 사라지지 않았지만, 과거에는 유전자 조작 기술을 사용해도 되는지에

당뇨병

경제와 기술의 발전으로 우리 일상은 과거에 비해 풍족해졌습니다. 이러한 변화로 오히려 과거보다 환자 수가 늘어난 질병들이 있습니다. 영양 과다, 운동 부족으로 생기는 비만, 고혈압, 당뇨병 등이지요. 당뇨병은 췌장에서 분비하는 호르몬인 인슐린이 부족해서 생기는 병으로, 환자는 혈중 포도당의 농도가 높아져 여러 대사 질환을 겪습니다.

1921년 캐나다의 의학자 프레더릭 밴팅은 세계 최초로 인슐린을 추출해 내는 데 성공했습니다. 그는 이 공로로 32세이던 1923년에 역대 최연소로 노벨생리의학상을 받았습니다.

대한 의문이 더욱 컸습니다. 1973년에 처음 유전자 재조합 기술이 소개되자 사람들은 생명 현상의 원천이 되는 유전자를 어느 정도까지 인위적으로 바꿔도 되는지, 그 과정에서 예상치 못한 위험한 변이체가 발생해 생명 현상을 뒤흔들어 놓는 것이 아닌지 우려를 표했습니다.

그래서 1975년 2월 세계적인 연구자들이 미국 캘리포니아 아실로마 해변에 모여 유전자 재조합 기술에 대한 토론을 벌였습니다. 자외선을 이용한 유전자 조작법을 발견해 1980년 노벨생리의학상 수상자로 선정된 폴 버그가 이 회의를 주도했습니다. 결론은 "안전성이 담보될 때까지는 제한적으로만 유전자 재조합 연구를 진행하자"라는 것이었습니다. 유전자 연구의 지침은 이 회의를 통해 만들어졌습니다. 그로부터 약 40년이 지나는 동안 과학자들은 이 지침을 토대로 영화나 소설에 등장하는 엽기적인 연구를 자제하면서 생명과학 분야를 발전시켜 왔습니다.

인류의 호기심은 사회의 발전을 이끈 중요한 원동력입니다. 하지만 호기심과 상상력에도 올바른 성찰이 필요합니다. 인간에게 허용된 범위가 어디까지인가에 대해 고민하면서 바람직한 길을 찾아가야 합니다. 그것이 예상치 못한 피해를 줄일 수 있는 길입니다.

이식

몸의 일부를

주고받을 수 있을까?

최초의 이식 수술은 어떤 형태로 이루어졌을까요? 그것은 다름 아닌 피부이식을 이용한 성형수술이었습니다. 흔히 미용 목적의 수술부터 떠올리게 하는 성형수술은 본래 큰 상처를 입은 신체를 최대한 원래대로 재건하기 위해 만들어졌습니다.

성형수술에 대한 기록은 고대 이집트로 거슬러 올라갑니다. 제3왕조 시대에 피라미드를 세운 건축가이자 의사인 임호테프가 쓴 것으로 알려진 파피루스에는 바깥쪽에 외상을 입은 코를 재건하는 방법이 기술되어 있습니다. 또한 기원전 1550년 무렵에 만들어진 에버스 파피루스에는 조직을 이식하는 방법이 소개되어 있습니다.

코 재건에 이용된 피부이식

오래전 인도에서는 코 재건술이 많이 행해졌습니다. 기원전 6세기에 활약한 수쉬루타는 《수쉬루타 상히타》에 피부를 떼어 손상된 코에 붙여 모양을 좋게 하는 수술법을 기록해 놓았습니다. 이는 피부이식을 이용한 성형수술인 셈입니다. 그는 이 책에서 120가지가 넘는 수술 기구와 300가지가 넘는 수술 기법에 대해 설명했습니다. 특히 코와 귀의 성형에 대한 내용은 현대 의사들의 상상을 뛰어넘는 높은 수준을 보여 주고 있습니다. 인도에서 귀와 코가 손상되는 경우가 흔했던 데는 전통적 관습의 영향이 컸습니다. 인도인들은 악한 기운을 물리칠 부적을 지니고 다니기 위해 귀에 구멍을 뚫고, 절도죄를 처벌하기 위해 코를 절단하곤 했습니다. 이를 뒷받침하듯 수쉬루타의 책에는 귀를 재건하는 방법이 15가지나 기술되어 있습니다. 인도인들은 코를 재건할 때는 오늘날의 피부이식과 같은 원리를 사용했습니다. 로마에도 1세기경에 손상된 귀를 재건하기 위한 수술을 했다는 기록이 있습니다.

중세에 접어들자 유럽에서 많은 분야가 그랬던 것처럼 성형수술도 발전 없이 긴 세월을 보내야 했습니다. 그래도

15세기 중반에 하인리히 폴스포인트는 팔 뒷부분 피부를 코 부위에 옮겨 붙임으로써 새로운 코를 만드는 방법을 기록으로 남겼습니다. 이처럼 피부를 이식해 다친 부위를 재건하는 방법은 일찍부터 이용되었습니다.

1597년에 이탈리아의 가스파레 타글리아코치는 "우리는 자연이 부여한 얼굴에서 운명이 앗아 간 부분을 재건해 상처 입은 영혼을 돕고 즐겁게 한다"라는 기록을 남겼습니다. 그는 고대 인도 의사들과 마찬가지로 피부이식을 이용해 상처가 생기거나 화상이 생긴 코를 복구했습니다. 타글리아코치는 환자의 팔에서 피부의 일부를 잘라서 코에 옮겨 붙이고 환자의 팔을 특수한 장치로 고정해 코를 원하는 모양으로 바꾸고자 했습니다.

1869년에 스위스의 자크루이 르베르댕은 인체의 어느 한 부위에서 얻은 작은 피부 조각을 손상된 피부에 붙였습니다. 피부이식은 이렇게 작은 부위에서 시작해 점점 넓은 부위를 이용하는 식으로 발전해 갔습니다. 1874년에 독일의 카를 티어쉬는 아주 얇은 표피(피부의 바깥층)와 그 아래의 진피를 이용하는 피부이식 방법을 논문으로 발표했습니다. 피부의 세 층 중 가장 안쪽에 위치한 피하조직은 그대로 두고, 바깥층과 중간층의 표피와 진피(피부의 안층)를 떼어 붙여 피부에

가스파레 타글리아코치의 수술법을 기록한 그림입니다. 그는 환자의 팔에서 피부의 일부를 잘라 코에 옮겨 붙이고 특수한 장치를 이용해 팔을 고정했습니다.

흉터를 남기지 않고 재생하는 방법이었습니다.

1950년대 초 영국의 피터 메더워는 친족끼리의 피부이식 성공률이 혈연관계가 없는 경우보다 더 높지 않을까 하는 생각을 품었습니다. 친족 중에서도 가까운 형제나 자매에게서 얻은 피부일수록 성공률이 높아 보였습니다. 그런데 그는 생쥐 배아에 혈연이 아닌 성체 생쥐의 조직 세포를 주입했는데도 배아가 조직을 받아들이는 것을 발견했습니다. 실험 끝에 그는 배아의 면역 체계를 바꾸면 조직에서 나타나는 부작용을 막을 수 있음을 밝혀낼 수 있었습니다.

빠르게 발전한 콩팥이식

사람의 장기가 제 기능을 하지 못하게 되면 생명에 치명적일 수 있습니다. 장기가 인체에 존재하는 것은 고유의 기능과 역할을 하기 위해서입니다. 이런 장기가 기능을 못한다는 것은 몸에서 반드시 이루어져야 할 생명 활동에 장애가 생긴다는 것이니 큰 문제라 하지 않을 수 없습니다.

장기의 이상이 그렇게 심각하지 않은 단계에서는 약을 투여하는 정도로도 충분하겠지만 어느 시점을 넘어서면 치료가 불가능해집니다. 장기의 기능을 되살리는 일이 불가능하다면 어떻게 해야 할까요? 기능을 잘하는 다른 장기로 갈아끼우는 방법이 있습니다. 이를 위해서는 쓸모없는 장기를 떼어 내고, 쓸 수 있는 장기를 공여자로부터 떼어 내 붙이는 이식을 해야 합니다.

이식을 할 때 가장 조심해야 할 것은 '거부반응'입니다. 면역이란 사람의 몸이 자기 것과 남의 것을 구별하는 것입니다. 앞서 설명했듯 우리 몸에는 외부에서 뭔가가 들어오면 이에 맞서 싸우려는 면역 기능이 있습니다. 장기이식으로 본래 자신의 것이 아닌 장기가 몸에 들어오게 되면, 이 면역 기능이 극대화되어 거부반응을 보이게 됩니다. 평소에는 인체의 건강 유지에 면역이 아주 중요하지만 이식을 할 때는 이를 억제해야 합니다.

이식 수술이 가장 먼저 발전한 장기는 콩팥입니다. 누구나 콩팥을 두 개 가지고 있으며, 한 개를 떼어내도 다른 하나가 기능을 할 수 있기 때문입니다. 두 개의 콩팥 중 한 개만 기능을 잘하면 인체의 노폐물을 걸러서 몸 밖으로 내보내는 일에 전혀 문제가 없습니다.

콩팥이식을 가장 먼저 시작한 사람은 미국의 조지프 머리입니다. 그는 1919년에 미국에서 태어나 하버드대학교 의과대학을 졸업하고, 일반외과와 성형외과 전문의를 획득했습니다. 제2차 세계대전에 군의관으로 참전한 그는 군인들의 화상을 치료하는 과정에서 일란성 쌍둥이는 서로 피부를 이식하더라도 면역에 의한 거부반응이 일어나지 않는다는 사실을 알게 되었습니다. 이를 토대로 장기이식 때 생기는 거부반응도 일란성 쌍둥이는 겪지 않을 거라는 생각을 하게 되었습니다. 그는 자신의 가설을 검증하기 위해 개의 콩팥을 이식하는 방법부터 연구했습니다. 1954년에는 로널드 헤릭으로부터 그의 일란성 쌍둥이 형제인 리처드 헤릭에게 콩팥 하나를 이식하는 수술을 시도했습니다. 콩팥을 이식받은 헤릭은 그로부터 7년간 더 살았으니, 수술은 성공적이었다고 할 수 있습니다.

1950년대의 성공적인 콩팥이식은 그에 앞서 한 과학자가 놀라운 업적을 이뤄 냈기에 가능했습니다. 프랑스의 알렉시 카렐은 혈관을 봉합하는 방법을 개발한 공로로 1912년에 노벨생리의학상을 받은 명성 높은 학자였습니다. 그는 노벨상을 받고 난 이후에 이식 분야로 관심을 옮겨 많은 연구를 개척했습니다. 1930년대에는 수술 중에 장기를 사람 몸 밖으로 끄집어낸 후 그대로 유지하는 방법을 고안했고, 비록 성공하지는 못했지만 동물에게 인공심장을 이용한 심장이식을 시도하기도 했습니다.

거부반응을 해결하기 위해

조지프 머리가 콩팥이식 수술에 성공한 1954년은 거부반응에 대한 지식이 부족했음은 물론 면역학이라는 학문 자체가 그리 발전하지 않았던 시기입니다. 전쟁터에서 일란성 쌍둥이가 이식에 유리함을 알게 된 머리는 유전적으로 연관성이 없는 사람들에게도 콩팥이식을 하기 위해 거부반응에 대한 연구를 계속했습니다. 그러다 면역억제제를 사용해 환자의 면역 기능을 약화시켜 주면 수술의 성공률을 획기적으로 향상시킬 수 있다는 사실을 발견했습니다.

1980년대에 이르러 콩팥이식이 세계적으로 널리 퍼지게 된 데는 1972년에 개발된 사이클로스포린이 큰 역할을 했습니다. 스위스 제약회사 산도즈에서 개발한 사이클로스포린은 면역 반응을 담당하는 T림프구에서 분비되는 활성세포 물질을 억제함으로써 거부반응이 일어나지 못하게 합니다. 사이클로스포린 개발 이후 여러 회사에서 계속해서 아자티오프린, 스테로이드제제 등을 개발해 장기이식의 발전에 큰 기여를 했습니다.

콩팥이식으로 죽어 가는 생명을 살릴 수 있다는 사실이 알려지자 우리나라에서도 콩팥이식이 시도되었습니다.

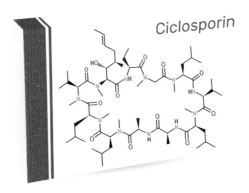

면역억제제 사이클로스포린이 개발되면서 장기이식은 비로소 발전할 수 있었습니다.

1969년에 가톨릭대학교 서울성모병원에서 근무한 이용각, 전종휘 교수팀이 최초로 콩팥이식 수술을 시행해 성공했습니다. 이후 콩팥이식은 빠르게 보편화가 이루어져 현재는 웬만한 종합병원에서 모두 수술을 시행할 수 있을 정도가 되었습니다. 성공률도 세계 수준과 견주어 손색이 없을 정도로 발전했습니다.

머리는 20대에 제2차 세계대전에 참전해 전쟁터에서 다양한 경험을 하고 30대라는 젊은 나이에 콩팥이식에 최초로 성공했습니다. 1959년에는 쌍둥이가 아닌 사람들 간의 콩팥이식에도 성공하고, 1962년에는 죽은 사람의 콩팥을 산 사람에게 이식하는 수술도 해냈습니다.

면역억제제가 개발되자 1980년대 이후 전 세계적으로 콩팥이식이 널리 행해지게 되었습니다. 머리는 장기와 세포 치료에 대한 업적을 인정받아 골수이식에 성공한 에드워드 토머스와 함께 1990년 노벨생리의학상 수상자로 선정되었습니다.

백혈병을 치료하는 조혈모세포 이식

골수는 뼛속에 들어 있는 조직을 가리킵니다. 골수에서는 핏속에 들어 있는 3가지 세포, 즉 적혈구, 백혈구, 혈소판이 생성됩니다. 이 중에서 백혈구는 인체로 들어온 해로운 세균을 잡아먹는 일을 담당합니다. 정상이 아닌 미성숙 백혈구가 자라나서 면역 기능을 못하게 되는 백혈병을 앓으면 골수이식을 통해 골수가 제대로 기능하도록 해줘야 합니다.

조혈모세포는 핏속의 3가지 세포를 모두 만들어 낼 수 있는 세포를 가리킵니다. 조혈모세포는 골수에 주로 들어 있지만 말초혈관과 제대혈에도 들어 있습니다. 이 때문에 과거에는 골수이식이라고 부르던 것을 지금은 조혈모세포 이식이라는 용어로 바꾸어 부르고 있습니다.

환자가 비정상적인 세포를 생산하는 골수를 가지고 있다면, 정상적인 조혈모세포를 이식하더라도 결과적으로는 정상적인 세포와 비정상적인 세포를 모두 생산하게 됩니다. 그래서 방사선으로 병든 조혈모세포를 모두 없앤 다음 이식을 시행합니다. 조혈모세포는 조금만 있어도 되므로 기증자에게도 별 문제가 생기지 않고, 받는 사람은 생명을 구할 수 있습니다.

골수추출물을 치료에 이용하자는 아이디어는 1896년으로 올라갑니다. 그러나 혈액형도 모르고 면역에 대한 개념이 없었던 시절이니 실제로 이용되지는 못했습니다. 획기적인 발전은 1957년에 이루어졌습니다. 1920년에 미국 텍사스 시골 마을에서 태어난 에드워드 토머스는 하버드대학교에 입학해 의사가 되었습니다. 그 뒤로 은퇴할 때까지 시애틀에서 이식 수술을 연구하는 것으로 거의 평생을 보냈습니다. 그는 1957년에 사람의 조혈모세포를 백혈병 환자에게 처음 투여해 생명을 살리는 데 성공함으로써 콩팥이식에 성공한 조지프 머리와 함께 1990년 노벨생리의학상 수상자로 선정되었습니다.

토머스가 조혈모세포 이식에 성공한 이듬해인 1958년, 프랑스에서는 유고슬라비아 원자로 사고로 피해를 입은 환자에게 조혈모세포를 이식했습니다. 이후로 조혈모세포 이식은 전 세계에 알려져 많은 시술이 이루어지게 되었습니다. 그러나 당시까지는 환자의 몸 안에 이식한 세포의 정착이 뚜렷하지 못해 수술 결과가 늘 좋지는 못했습니다. 1980년 대에는 다른 장기이식에서 사용하고 있던 면역억제제인 사이클로스포린을 도입하면서 효과적인 수술이 가능해졌습니다. 토머스는 항암제로 사용하는 메토트렉세이트를 함께 투여해 수술의 성공률을 더욱 높였습니다.

조혈모세포 이식 수술이 발전하면서 백혈병의 치료 전략도 조금씩 달라졌습니다. 과거에는 치료 방법이 거의 없는 심각한 상태의 환자만을 대상으로 했지만 이제는 초기 단계의 환자들에게도 빠르게 이식을 시행하고 있습니다. 따라서 수술 성공률도 크게 높아졌습니다.

간이식이 발전하기까지

인체에서 해독과 대사를 담당하는 간은 정상적인 생명 활동에 반드시 필요합니다. 다른 이식 수술도 마찬가지지만, 과거 간이식의 성공률이 낮았던 것은 면역에 대한 이해와 해결책이 불충분했기 때문입니다. 간이식 수술이 처음 성공한 것은 1963년의 일입니다. 모든 장기이식 분야를 통틀어 처음부터 성공한 수술은 드뭅니다. 의사들은 여러 번의 시도를 하고 나서야 환자의 생존 기간을 늘릴 수 있게 되었습니다. 간이식의 경우도 비슷했습니다.

미국 덴버에 있는 콜로라도 의과대학 병원에서 근무하던 토머스 스타즐은 세계 최초의 간이식 수술에 성공했습니다. 하지만 환자의 생존 기간은 아주 짧았습니다. 스타즐은 1967년에 이식 후 생존 기간을 1년까지 늘리는 데 성공했지만, 1970년대까지도 간이식을 받은 환자가 1년 이상 생존할 확률은 26퍼센트 정도에 그쳤습니다.

간이식도 면역억제제가 실용화되면서 성공률이 크게 높아졌습니다. 그런데 콩팥이식에서는 꽤 좋은 효과를 거둔 아자티오프린이 간이식에서는 큰 효과를 보여 주지 못했습니다. 이것이 간이식 발전이 약간 늦어진 이유입니다. 오늘날 간이식의 보편화가 가능해진 것은 타크로리무스와 인터류킨-2 수용기 차단제 같은 새로운 면역억제제가 효과를 발휘했기 때문입니다.

과거 의사들은 뇌사자의 간을 통째로 적출해 옮겨 붙이는 방법을 선택했습니다. 지금은 뇌사자의 간을 둘로 나누어

두 명의 환자에게 이식하는 방법도 가능해졌습니다. 기증된 간의 크기가 큰 경우에는 일부 간을 절제하고 남은 간을 이식하는 수술법을 시도하기도 합니다. 그래서 오늘날 간은 다른 장기보다 이식이 많이 시도되고 있습니다. 또한 간은 재생 능력이 뛰어나서 일부만으로도 기능을 할 수 있습니다. 이 사실이 밝혀지자 뇌사자가 아닌 살아 있는 사람의 간을 이식하려는 시도가 시작되었습니다. 1989년에 독일 함부르크에서 온 크리스토프 브로엘쉬가 미국 시카고대학교 의료원에서 생체 간이식을 하는 데 처음으로 성공했습니다.

간이식을 할 때는 유전적으로 유사성이 클수록 이식 성공률이 높아지므로 환자의 가족을 대상으로 서로 간의 이식이 가능할지 검사를 하곤 합니다. 일부만 떼어 주는 경우 생명에는 아무 문제가 없으므로 간이식은 활발하게 이루어지고 있습니다.

우리나라에서는 1988년에 서울대학교 병원 김수태 교수 팀이 뇌사자로부터 얻은 간을 처음으로 이식하는 데 성공했습니다. 그 후 약 30년이 지나는 동안 간이식이 점점 발전해 현재는 매년 1,000건이 훨씬 넘는 간이식 수술이 전국 각지의 병원에서 이루어지고 있습니다. 이식 성공률도 세계 수준(1년 생존율 80~90퍼센트, 5년 생존율 62~80퍼센트)에 걸맞게

간이식은 유전적으로 유사성이 클수록 성공률이 높으므로 의사들은 우선 환자의 가족을 대상으로 간이식이 가능할지 검사합니다.

높아졌습니다.

아무리 간이 다른 장기에 비해 이식이 용이하다고 해도 이식을 받아야 하는 환자의 수와 비교하면 필요한 장기는 여전히 부족한 편입니다. 그래서 다른 동물의 장기를 이식 하는 이종이식이 연구되고 있습니다.

앞서 소개한 토머스 스타즐은 2017년 세상을 떠날 때까지 평생을 간이식 연구에 바친 의사입니다. 그가 간이식이라는 새 장을 열었을 때는 놀랍게도 30대의 젊은 나이였습니다. 그는 은퇴할 때까지 계속해서 간이식을 더 쉽게 할 수 있는 방법을 연구했습니다. 1981년 피츠버그대학교로 옮겨 간 후로는 이종이식에 큰 관심을 가지기 시작했습니다. 1992년에는 유전공학 기술인 클로닝 기법을 이용해 이종이식을 시도했습니다. 이 방법이 일반화되기까지는 과제가 많이 남아 있긴 합니다.

아프리카에서 개발된 심장이식

사람 몸에 있는 장기는 대부분 한 개입니다. 그러다 보니 이식 수술 연구는 굉장히 어려운 과제였습니다. 특히 심장은 하나뿐인 것도 문제지만 혈관이 많고 피가 흐르는 속도 또한 빠르므로 많은 출혈이 생길 수 있어 더욱 까다로웠습니다.

무엇보다 심장의 가장 중요한 기능은 피를 배출해 온몸으로 보내는 것입니다. 잠시라도 심장이 뛰지 않으면 사람의 몸이 생존할 수 없기에 의사들은 감히 이식 수술을 하겠다고 마음먹지 못했습니다.

수술 도중 심장의 펌프질에 의해 심장 밖으로 빠져나오는 피를 막기 위해서는 혈관을 심장 밖으로 연결한 다음 인공

펌프를 이용해 다시 사람의 혈관으로 들어가게 해야 합니다. 여기에는 혈관의 길을 바꾸는 혈관문합술이 필요합니다. 혈관문합술은 앞서 소개한 노벨생리의학상 수상자인 알렉시 카렐이 개발했습니다.

카렐의 연구팀은 1905년에 개를 이용해 **최초의 심장이식**을 시도했습니다. 남아 있는 기록만으로 실험 내용의 세밀

최초의 심장이식에 대한 전설

역사를 공부하다 보면 흥미롭지만 믿을 수 없는 이야기도 많이 접할 수 있습니다. 고대 중국의 기록 중에는 기원전 3세기에 편작이라는 전설적인 의사가 심장이식을 했다는 이야기가 전해집니다. 그의 능력은 그리스의 의술의 신 아스클레피오스와 견줄 정도로 묘사됩니다. 심지어 죽은 사람을 살려 냈다는 이야기도 전해지지요. 아득한 과거의 이야기니 "죽었다"라는 기록이 진짜 죽은 건지 죽은 것처럼 보이는 건지 구별하기도 어렵지만 말입니다.

편작은 병든 두 명의 군인에게 약을 탄 술을 먹여 정신을 잃게 한 다음 그들의 몸을 열어 심장을 포함한 여러 장기를 교환했다고 합니다. 병사들은 그로부터 3일 후에 아무 이상 없이 깨어났습니다. 또한 편작은 요정인지 신인지 알 수 없는 신비로운 능력자의 도움을 받아 병사들의 몸을 꿰뚫어 보았다고 합니다.

한 부분까지 정확하게 파악하기는 어렵지만, 심장은 일정 기간 피가 없는 상태에 있었음에도 그 기능을 잠시나마 유지할 수 있었습니다. 그럼에도 심장이식에 대한 지식은 여전히 부족한 상태였습니다. 그 후로 여러 연구팀이 이식을 시도했지만, 다음 성공자가 나오기까지는 꽤 긴 시간이 흘렀습니다.

1933년에는 미국 미네소타주에 거주하던 프랭크 만이 카렐의 연구에 관심을 가졌습니다. 그는 개의 심장을 다른 개의 목에 있는 경동맥과 경정맥에 연결하는 방법으로 이식하는 실험을 했습니다. 여러 번 시도한 끝에 이 방법으로 평균 4일, 최대 8일까지 심장박동을 유지할 수 있었습니다.

이식 수술의 성공률이 높아지려면 신체의 다른 부분이 제 기능을 할 수 있도록 유지하는 것이 아주 중요합니다. 심장이식을 하려면 수술하는 동안 심장의 근육을 보호해야 하는데 그러려면 심장 동맥의 혈류를 유지할 수 있어야 합니다. 만도 이 사실을 잘 알고 있었습니다. 그는 이식한 심장의 전반적인 상태를 기술하면서, 동종 간에 이식한 심장의 생존 여부에는 수술법보다 생물학적 요인이 더 큰 영향을 미친다고 주장했습니다. 그는 거부반응에 대해 정확히 알지는 못했지만 거부반응이 있을 때 생기는 혈액 속 세포의 변화를 자세히 기술하는 뛰어난 업적을 남겼습니다.

만이 훌륭한 연구를 남겼음에도 수술의 성공률을 높일 방법은 좀처럼 등장하지 않았습니다. 그래서 그런지 심장이식 연구에 대한 열기가 식기도 했습니다. 그러다가 1951년 미국 시카고대학교 이매뉴얼 마르쿠스의 연구팀이 획기적인 연구 논문을 발표했습니다.

개를 이용해 실험한 후 그들이 내린 결론은 생물학적인 조직의 특이성이 성공을 결정짓는 주요 요인이라는 것이었습니다. 그들은 1952년부터는 새로운 수술법 개발에 들어 갔습니다. 다양한 실험을 통해 실험동물을 최장 6일 반까지 생존시킬 수 있었습니다.

1953년에 마르쿠스는 심장을 이식하는 동안 혈액이 온몸에 공급되지 못해서 생기는 문제를 해결할 방법을 제시했습니다. 실험동물의 저체온 상태를 유도해 30분 동안 문제 없이 혈액순환을 멈추게 한 것입니다. 그가 개의 저체온 상태를 유지하면서 심장이식을 했더니 개는 수술 후 6시간 정도 생존할 수 있었습니다. 제 생명을 다 살기에는 턱없이 부족한 시간이지만 심장을 갈아 끼우는 동안 생명을 유지할 수 있었다는 점이 대단한 일입니다.

1950년대 후반부터 심장이식이 본격적으로 시도되었습

니다. 미국 스탠퍼드대학교의 노먼 섬웨이는 심장이식을 한 개를 5년 동안 생존시키는 결과를 얻기도 했지만, 생존 기간이 왜 일정하지 못한지에 대한 의문을 풀지는 못했습니다.

러시아에서도 심장이식에 뛰어난 학자가 등장했습니다. 1950년대는 냉전이 시작되던 시기여서 소비에트 연방의 중심지였던 공산 국가 러시아의 연구는 서방에 잘 알려지지 않았습니다. 실제 러시아 학자들은 1940년대부터 연구를 시작했다고 합니다. 그중에서도 블라디미르 데미코프의 연구 업적은 1960년대가 되어서야 서방 세계에 알려졌습니다. 그가 수많은 목숨을 구한 의학의 선구자인지, 끔찍한 동물실험까지 마다하지 않은 악마의 연구자인지 평가는 분분하지만 말입니다.

그가 연구한 수술의 종류는 아주 다양했습니다. 콩팥, 부신, 췌장, 간, 위장관 등을 대상으로 했습니다. 동물의 하반신 이식을 시도해 한 개의 앞다리를 다른 개에 이식하기도 했습니다. 1963년에 미국의 로버트 화이트가 원숭이의 머리를 이식했다는 사실은 세상에 널리 알려져 있습니다. 사실 데미코프는 화이트보다 앞서서 개의 목에 다른 강아지의 머리를 이식했습니다.

데미코프는 다양한 장기이식 실험을 했는데 특히 심장에

관심이 가장 컸습니다. 1946년에 데미코프는 개의 심장을 다른 개의 흉곽 안 심장 바로 옆에 이식하는 시도를 했습니다. 심장을 이식받은 개의 원래 심장이 보조 펌프 기능을 할 수 있는지를 확인하기 위해서였습니다. 이를 위해 250차례나 연습했고, 결과적으로 32일까지 생존하게 할 수 있었습니다. 비록 사람의 심장이식에 성공하지는 못했지만 "미래에는 회복 불가능한 심폐 부전증 환자를 심장이식으로 치료할 날이 올 것"이라 예언했습니다.

데미코프의 예언을 실현한 사람은 남아프리카공화국의 의사 크리스티안 바너드입니다. 1922년에 네덜란드 출신 선교사의 아들로 태어난 바너드는 1946년 남아프리카공화국의 케이프타운 대학교 의과대학을 졸업한 후 외과 의사가 되어 1954년부터 1956년까지 미국 미네소타대학교에서 연수했습니다.

이후 모교 의과대학 연구소의 책임자가 되면서 심장이식에 관한 다양한 실험을 진행했습니다. 그 무렵 데미코프의 책을 읽고 감명을 받은 그는 1960년과 1963년 두 차례에 걸쳐 데미코프의 연구실을 방문해 가르침을 받았습니다. 바너드는 평생 데미코프를 스승으로 여겼다고 합니다.

바너드는 1964년부터 본격적으로 심장이식 연구에 들어

남아프리카공화국에서 세계 최초로 심장이식에 성공한 크리스티안 바너드는 미국의 <타임> 표지를 장식할 만큼 유명세를 떨쳤습니다.

가서 앞서 소개한 저체온법을 더욱 활발하게 연구했습니다. 그는 성공률을 높여 실험동물의 90퍼센트가 이식받은 심장만으로 제대로 혈액순환을 유지하는 결과를 얻었습니다. 동물을 대상으로 한 실험에서 성공적인 결과를 얻자 그는 서서히 사람에게도 이식을 시도하기 위해 열정적으로 연구를 거듭했습니다.

1967년 바너드가 근무하던 케이프타운의 병원에는 루이스 워시캔스키라는 54세의 환자가 입원해 있었습니다. 이 환자는 당뇨병을 동반한 심각한 심장병으로 죽을 날만 기다리고 있었습니다. 심장은 이미 세 차례나 동맥이 막혀서 산소 공급을 제대로 할 수 없었고, 발작이 심해 제 기능을 하지 못하는 상태였습니다.

같은 해 12월 2일, 교통사고로 머리에 심한 손상을 입은 24세의 여성 환자가 뇌사 판정을 받았습니다. 이 환자의 피는 워시캔스키에게 수혈이 가능했으며 백혈구의 항원 양상도 비슷했습니다. 그래서 의료진은 이 여성의 심장을 환자에게 이식하더라도 면역학적으로는 큰 문제가 없을 것으로 판단해 밤 12시를 넘긴 시간에 심장이식 수술을 시도했습니다.

이것이 세계 최초로 성공한 심장이식 수술입니다. 수술 이후에도 환자에게 면역억제제를 투여하는 등 세심한 주의를 기울인 결과 놀랍게도 환자의 심부전증이 회복되었습니다. 다리 부종을 비롯한 다른 부위도 서서히 정상으로 돌아왔습니다.

비록 13일 후에 녹농균 감염에 의한 폐렴으로 세상을 떠났지만, 이 합병증이 심장이식과 큰 연관이 있다고 볼 수는 없습니다. 이듬해인 1968년 1월 2일 바너드는 두 번째 심장이식을 시행했습니다. 이번에는 환자가 593일을 생존하면서 한층 더 뛰어난 성과를 얻었습니다.

우리나라에서는 1992년 11월에 처음 심장이식을 시행했습니다. 이후 매년 20~30차례의 수술이 이루어지다가 2000년 2월 장기이식에 관한 입법이 이루어지면서 횟수가 더욱 늘어나고 있습니다. 생존율은 1년에 80퍼센트, 5년에 65퍼센트, 10년에 45퍼센트가량 됩니다.

재생의학의 미래

장기이식은 못쓰게 된 장기를 건강한 장기로 바꾸어 꺼져가는 사람의 생명을 살리는 획기적인 방법입니다. 문제는 이식이 필요한 환자 수에 비해 이식할 수 있는 장기가 너무 적다는 것입니다.

여러 장기이식 중에서는 앞서 설명한 콩팥, 조혈모세포, 간의 이식이 상대적으로 많이 이루어지고 있습니다. 이에 비해 심장이나 췌장의 이식술은 적게 시도되는데 장기를 구하기 어려운 것이 가장 큰 이유입니다.

한때 인공심장이 의학계의 큰 관심사였습니다. 그러나 지금은 인공심장을 이식해 심장병을 치료하려는 시도는 잘 하지 않습니다. 인공심장을 쓰면 심장을 통해 흐르는 피가 응고되어 작은 혈관을 막는 경우가 많기 때문입니다. 혈관이 막히면 피가 산소와 영양소를 공급하지 못하게 되므로 생명이 위태로워집니다. 이를 막기 위해 혈액응고방지제를 사용하기도 하지만, 그렇게 되면 혈관에 상처가 생겼을 때 피가 멈추지 않고 흘러나가서 위험해집니다.

최근에는 3차원^{3D} 인쇄술이 발전하면서 뼈나 연골이 손상을 입은 사람에게 3차원 인쇄로 얻은 뼈와 연골을 이식하는 일이 가능해졌습니다. 그러나 현재의 3차원 인쇄 기술로는 장기이식이 어렵습니다. 지금으로서는 사람의 장기와 같은 모양으로 인쇄는 가능하지만, 기능까지 똑같이 옮길 수는 없습니다. 그럼에도 앞으로의 발전이 기대되는 분야이기도 합니다.

장기이식을 위해 활발히 연구되고 있는 또 다른 분야는 재생의학입니다. 재생의학은 사람의 세포, 조직, 장기를 재생해 본래 기능을 하게 하는 의학의 한 분야입니다. 세포 치료, 유전자 치료, 조직공학, 유전체 의학, 개인 맞춤 의학, 생체 역학 보철, 재조합 단백질 제조, 항체 치료 등을 포함합니다.

재생의학이라는 용어는 '만성질환을 치료하고 많은 부분에서 손상된 장기 시스템을 재생하는 분야'라는 뜻으로

1992년에 처음 사용되었습니다. 1999년 휴먼게놈사이언시스의 창립자 윌리엄 하셀타인이 이 용어를 널리 알리는 역할을 했습니다. 그는 질병이나 외상으로 손상되거나 노화에 의해 기능이 떨어진 인체를 정상으로 회복시키는 방법을 설명하면서 이 용어를 사용했습니다.

재생의학이 발전하기 위해서는 줄기세포 연구가 필수적입니다. 줄기세포는 인체의 모든 세포 유형으로 분화할 수 있는 능력을 지닙니다. 그래서 줄기세포는 정상적인 세포는 물론 조직과 장기를 합성하고 재생하기 위한 필수적인 재료로 각광을 받고 있습니다. 미국에서는 수많은 생명공학 기업이 줄기세포와 재생의학 연구에 뛰어들었습니다.

한 예로 일본에서는 2014년 9월 고베의 한 병원에서 황반 변성으로 실명 위기에 처한 여성에게 줄기세포로부터 분화한 망막색소 상피세포를 이식했습니다. 황반 변성은 그냥 두면 실명에 이르는 무서운 안과 질환으로, 치료 방법이 없습니다. 이제 불치병을 치료할 가능성이 열린 셈입니다. 현재로는 아직 가능성만 제시되고 있지만 줄기세포를 이용한 재생의학 기술은 앞으로 의학 수준을 한 차원 끌어올릴 수 있을 것으로 기대됩니다.

줄기세포를 이용한 치료법 개발은 재생의학의 핵심이라

줄기세포를 이용한 치료법 개발은 재생의학의 핵심이라 할 수 있습니다.

할 수 있습니다. 재생의학은 회복이 불가능한 조직과 장기를 교체하거나 사람의 치유 기전을 활성화해 기능을 되살리는 방법을 연구하는 분야입니다. 재생의학이 발전하면 실험실에서 조직과 장기를 배양해 안전하게 이식함으로써 턱없이 부족한 장기 기증의 문제를 해결할 수 있을 것입니다. 환자 본인의 줄기세포를 이용하므로 남의 장기를 받았을 때 발생할 수 있는 거부반응을 막을 수 있다는 것도 큰 장점입니다.

교과 연계

고등학교

참고 자료

결정적 질문 1
- 아커크네히드, 《세계의학의 역사》, 허주 옮김, 민영사, 1993
- 앨러브 라이언즈, 《세계의학의 역사》, 황상익 옮김, 한울, 1994
- 인제대학교 인문의학연구소, 《인문의학: 인문의 창으로 본 건강》, 휴머니스트, 2008
- 파울 운슐트, 《의학이란 무엇인가》, 홍세영 옮김, 궁리, 2010
- 프레데릭 마티니 외, 《핵심해부생리학》, 제8판, 윤호 외 옮김, 바이오사이언스, 2020
- John Harold Talbott, 《A Biographical History of Medicine》, Grune & Stratton, 1970

결정적 질문 2
- 아커크네히드, 《세계의학의 역사》, 허주 옮김, 민영사, 1993
- 앨러브 라이언즈, 《세계의학의 역사》, 황상익 옮김, 한울, 1994
- John Harold Talbott, 《A Biographical History of Medicine》, Grune & Stratton, 1970

결정적 질문 3
- 예병일, 《내가 유전자를 고를 수 있다면》, 다른, 2019
- 예병일, 《의학사 노트》, 한울, 2017
- Julie M. Fenster, 《Ether Day》, Harper Perennial, 2002

결정적 질문 4
- 빌 헤이스, 《5리터: 피의 역사 혹은 피의 개인사》, 박중서 옮김, 사이언스북스, 2008
- Richard Hollingham, 《Blood and Guts: A History of Surgery》, St. Martin's Griffin, 2009
- Roy Porter, 《Blood and Guts: A Short History of Medicine》, W. W. Norton & Company, 2004

결정적 질문 5
- 윌리엄 맥닐, 《전염병과 인류의 역사》, 허정 옮김, 2019
- Robert S. Desowitz, 《Who gave Pinta to the Santa Maria?》, W. W. Norton & Company, 1997

- 세계보건기구(www.who.int), 2021.1.28. 확인
- "List of languages by total number of speakers", 위키피디아(en.wikipedia.org/wiki/List_of_languages_by_total_number_of_speakers), 2019.3.1. 확인

결정적 질문 6
- 노벨재단,《당신에게 노벨상을 수여합니다: 노벨 생리·의학상》, 유영숙·권오승·한선규 옮김, 바다출판사, 2017
- 대한산부인과학회,《산부인과학 4판》, 군자출판사, 2015
- Geoffrey Sher, Virginia Marriage Davis, Jean Stoess,《In Vitro Fertilization: The A.R.T. of Making Babies》, Skyhouse, 2013
- 노벨재단(nobelprize.org), 2021.1.28. 확인

결정적 질문 7
- 클로드 달렌,《처음 만나는 외과학의 역사》, 김병욱 옮김, 2009
- Clifford A. Pickover,《The Medical Book: From Witch Doctors to Robot Surgeons, 250 Milestones in the History of Medicine (Sterling Milestones)》, Sterling(New York), 2012
- Harold Ellis, Sala Abdalla,《A History of Surgery》, CPC Press, 2018
- Roderick E. McGrew,《Encyclopedia of Medical History》, McGraw-Hill Company, 1985
- 노벨재단(nobelprize.org), 2021.1.28. 확인

다른 인스타그램

뉴스레터 구독

10대를 위한 의학을 이끈 결정적 질문

초판 1쇄   2018년 3월 2일
초판 3쇄   2024년 10월 31일

지은이   예병일

펴낸이   김한청
기획편집   원경은 차언조 양선화 양희우 유자영
마케팅   정원식 이진범
디자인   이성아 김현주
운영   설채린

펴낸곳 도서출판 다른
출판등록 2004년 9월 2일 제2013-000194호
주소 서울시 마포구 동교로 27길 3-10 희경빌딩 4층
전화 02-3143-6478   **팩스** 02-3143-6479   **이메일** khc15968@hanmail.net
블로그 blog.naver.com/darun_pub   **인스타그램** @darunpublishers

ISBN 979-11-5633-443-9 44000
       979-11-5633-441-5 (세트)

다른 생각이
다른 세상을 만듭니다